鸢尾花(IRIS)综合课程

自然 社会 国学

江 梅◎编著

华南理工大学出版社
SOUTH CHINA UNIVERSITY OF TECHNOLOGY PRESS
·广州·

图书在版编目(CIP)数据

鸢尾花(IRIS)综合课程/江梅编著. —广州:华南理工大学出版社,2016.10
ISBN 978-7-5623-5123-8

Ⅰ.①鸢… Ⅱ.①江… Ⅲ.①活动课程-教学研究-小学
Ⅳ.①G622.3

中国版本图书馆CIP数据核字(2016)第254913号

Yuanweihua(IRIS) Zonghe Kecheng
鸢尾花(IRIS)综合课程
江梅 编著

出 版 人:卢家明
出版发行:华南理工大学出版社
(广州五山华南理工大学17号楼,邮编510640)
http://www.scutpress.com.cn E-mail:scutc13@scut.edu.cn
营销部电话:020-87113487 87111048(传真)
责任编辑:陈小丹 林起提
印 刷 者:广州市新怡印务有限公司
开 本:787mm×960mm 1/16 印张:15 字数:294千
版 次:2016年10月第1版 2016年10月第1次印刷
定 价:48.00元

前　言

综合课程也叫跨学科课程，是目前国际课程改革的潮流。综合课程是基于问题的，是在解决问题过程中，应用多学科的知识，提出综合性的解决方案，形成有一定综合性的学习成果。

华东师范大学课程与教学研究所的张华教授认为，现在的学校教育实践中，综合课程的理想范例并不多见，原因是在实践中开发与实施综合课程尚存许多限制或问题。如，知识的琐碎化问题、课程开发与实施的技能问题、教师的知识问题……而开发综合课程的首要环节，是必须明确特定的教育价值观和课程目标观，据此确立选择课程组织核心的基本标准，在此基础上选择强有力的主题、问题和概念。

基于上述理念，笔者七年来一直坚持构建鸢尾花（IRIS，Introduction、Reading、Inquiry、Sharing 的首字母组合）综合课程，并付诸教学实践，取得了一定的成效。

一、鸢尾花（IRIS）综合课程的宏观开发路径

鸢尾花（IRIS）是深圳龙城小学特级教师吴向东建立的一种教学模式，旨在推动学生从阅读走向实践，发展学生的高级思维、创新精神和实践能力，培养学生知行合一的品格。鸢尾花（IRIS）综合课程的结构分为四部分：引言（Introduction）、阅读（Reading）、探究（Inquiry）、分享（Sharing）。“IRIS”的中文意思中正好有“鸢尾花”，故这个课程称为鸢尾花（IRIS）综合课程。

在鸢尾花（IRIS）教学实践中，高级思维能力被老师们界定为《布卢姆（Bloom）教育目标分类学》修订版（2001 年版）中的“分析、评价、创造”三个维度的认知能力（见表 1 阴影部分），因为这种教育目标分类为教师评价自我的教学是否有利于促进学习者的高级思维能力提供了一种图式，便于理解和操作，有助于实际教学中的设计与评估。

表 1　学生的知识和认知进程维度

知识维度	认知过程维度					
	记忆	理解	运用	分析	评价	创造
事实性知识						
概念性知识						
程序性知识						
反省认知知识						

自 2006 年起，笔者就尝试把鸢尾花（IRIS）模式运用到综合实践活动教学之中，基于部落格（Blog）（主要为鸢尾花（IRIS）网站和天河部落）、天河部落魔灯（Moodle）平台开发了 23 个专题的鸢尾花（IRIS）综合课程，这些课程的宏观开发路径见图 1。总的看来，前期设计的课程较多地融合了语文和信息技术学科，后来又涉及科学、思想品德，直至学科外的社会生活及传统教育内容。

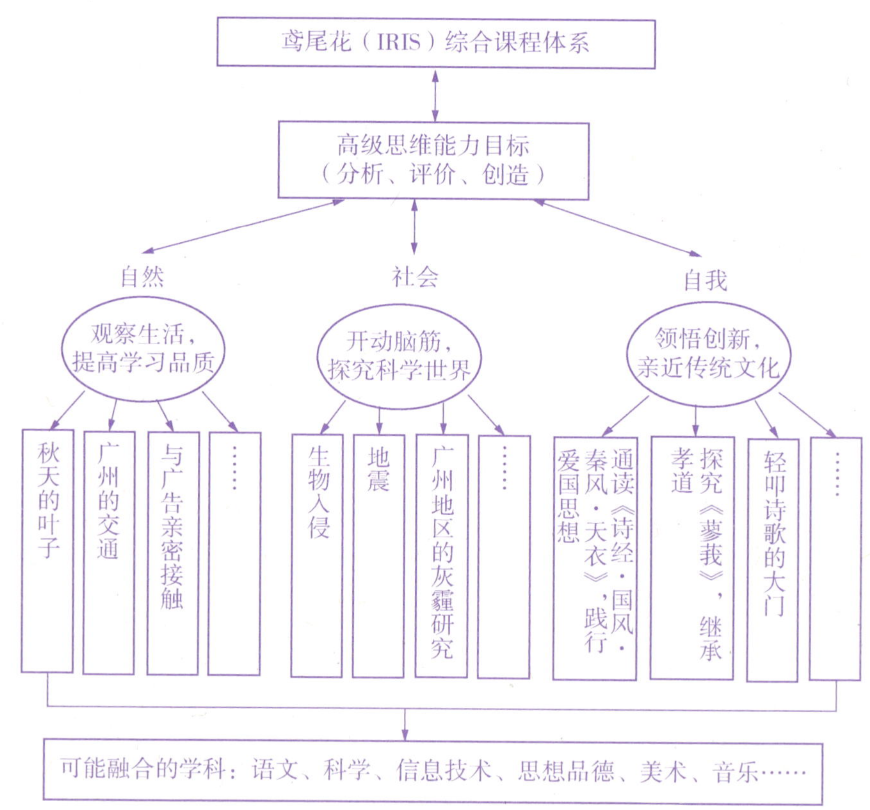

图 1　鸢尾花（IRIS）综合课程的宏观开发路径

图1中，三个系列的专题课程建设思路为：

观察生活，提高学习品质——引导学生密切关注生活中与他们相关的社会事务、现象、热点和问题，挑选适合他们开展生活化学习的主题建构跨学科课程，在对阅读材料的分析、评判中，在撰写小评论文章的过程中发展学生“分析、评价”维度的高级思维能力。

开动脑筋，探究科学世界——从科学学科领域衍生出具有劣构性质的问题，把问题解决变为课程的核心，指引学生在生活中开展探究活动，撰写小论文，培养他们的探索精神、实践能力，着重发展学生“分析、评价”维度的高级思维能力。

领悟创新，亲近传统文化——以精选的国学纯文本及主题可视化资源为课程架构，在“传承经典文化，形成健全人格”的主题活动中使学生铸造“知行合一”品格，在融进相关生活内容的仿写中发展学生“创造”维度的高级思维能力。

二、鸢尾花（IRIS）综合课程的总体设计框架

笔者2006年把Blog作为阅读引入、实践交流、协作共享的教学环境，看中的是互联网“可读写”时代带来的高交互性和活动数据的可观测性。两年后离开Blog而选择天河部落魔灯（Moodle），是因为Moodle不仅是课程管理平台，还是认知、交互的载体，具有强大的评价功能，可作为21世纪人才素养的培养空间。

23个专题的鸢尾花（IRIS）综合课程，大部分是基于Moodle构建、实施的，所以，从呈现的鸢尾花（IRIS）Moodle课程的总体框架（见表2）中，可以了解鸢尾花（IRIS）综合课程建设过程中所涉及的要素。

表2　鸢尾花（IRIS）Moodle课程的总体框架

鸢尾花（IRIS）Moodle课程的总体框架	
设计理念	阅读项目可借鉴的资料：文本、图表、照片、视频和动画等都是阅读材料；为生存而学习；应用阅读解决实际问题
	鸢尾花（IRIS）理念：从阅读走向实践，培养学生知行合一品格
课程目标	• 培养创新精神和实践能力（综合实践活动课程总目标） • 形成知行合一品格 • 提升高级思维能力

续上表

<table>
<tr><th colspan="2">鸢尾花（IRIS）Moodle课程的总体框架</th></tr>
<tr><td>课程内容</td><td>●开发领域：综合实践活动的指定与非指定领域（自然、社会、自我）
●涉及学科：语文、科学、思想品德、信息技术……
●课时预计：视主题而定。一个专题课程一般不超过一个学期</td></tr>
<tr><td>资源选择</td><td>●无中生有，为我所用（“无”：无限多；“有”：有价值（相对于“我”））
●因时、因地、因生制宜（生活化、地域化、多元化）</td></tr>
<tr><td rowspan="2">课程结构</td><td>课程说明：利用图片和导语呈现课程精髓，吸引学生参与学习</td></tr>
<tr><td>模块1　引言（Introduction）：采用设疑式的描述，激发学生对主题阅读内容产生兴趣
模块2　阅读（Reading）：专题阅读属于定向阅读，它为学生示范合适的阅读内容，使他们获取开展主题活动所需的基础知识：探究主题的知识、策略的知识、方法的知识、展示交流的知识。本模块中，教师可运用三点策略发展学生的高级思维能力。（相关策略请参阅发表于《中小学信息技术教育》2013年第2期中的《在网络阅读探究中培养学生的高级思维能力》）
模块3　探究（Inquiry）：鸢尾花（IRIS）Moodle课程中的“探究”，除了网上的资料查找、整理和分析之外，一般为生活中的探究行为。所以，此模块旨在为学生提供各类表格、行动支架（帮助、指引网下需要开展的实践活动），并为研究过程的呈现提供可视化场所
模块4　分享（Sharing）：用支架提示学生如何整理和展示学习活动成果，为各小组完整成果的呈现及评价提供可视化场所，方便交流、评价及管理（关于模块3、4的高级思维能力训练策略，请参阅发表于《综合实践活动研究》2013年第11期中的《应用综合实践活动鸢尾花项目发展学生的高级思维能力》）</td></tr>
<tr><td rowspan="2">课程评价</td><td>网上
●教师查看阅读模块、资料搜集处理区的学生回复数据，进行点评（诊断性评价）
●互动评价（利用Moodle的“互动评价”和“投票”功能）</td></tr>
<tr><td>网下
●学生成长记录袋：保留主题活动开展期间各阶段的资料、作品等（形成性评价）
●教师设计各专题活动评价总表（多元、终结性评价：自评、组评、师评、家长评）</td></tr>
</table>

设计与开发鸢尾花(IRIS)综合课程,是笔者近年开展省级、区课题研究的一种实践探索。该研究于2013年7月获得广东省第八届基础教育教学成果二等奖,相关专著《为高级思维能力而教——提升教师课程建设能力》也于2014年5月出版。

课程建设能力主要是指与课程建设密切相关的核心能力,其主要表现在课程理解力、课程设计能力、课程资源开发能力等方面。《为高级思维能力而教——提升教师课程建设能力》一书从课程建构的角度分享了面向高级思维能力的鸢尾花(IRIS)综合课程的基本理念、目标、内容、设计思路、实施策略及评价结果,重点阐述了"综合实践活动是'高级思维能力取向'的课程",而作为新课程改革亮点的"综合实践活动课程"却又是"三无课程"(无国家课程标准、无国家教材、无专业教师)。所以,只有提升综合实践活动课程指导老师的课程建设能力,才有可能达成国家层面的课程意志。期冀鸢尾花(IRIS)综合课程的开发路径与设计框架能为一线教师构建个性化课程、发展学生高级思维能力带来启示和借鉴。

目录

目录

第一篇

观察生活，提高学习品质

第一章

秋天的叶子

“秋天的叶子”将是一次跨地域、跨校际的有趣研究活动，河北石家庄、江苏江阴和广州天河鸢尾花项目实验学校的部分同学联合开展此次活动。活动后期，大家可以一起在鸢尾花网站上交流、分享彼此的研究成果。

1. 学员报到

活动要求：请进入鸢尾花网站首页页面左侧下方的“编辑个人资料”功能菜单，完善个人详细资料的填写，包括确认你的姓名、添加 E-mail 地址、电话、学校等。方便教师及学习伙伴认识你，并能与你建立基本的联系。

2. 小调查

请填写本调查问卷：http://www. sojump. com/jq/2707199. aspx。

小学生网络课程学习情况调查问卷

亲爱的同学：

你好！欢迎参加《网络读写探究促进学生高级思维能力发展的研究》课题组组织的“小学生网络课程学习情况调查”活动。本次调查采用不记名的方式，数据仅做教学研究使用，不会对你产生任何影响，根据自己的具体情况和真实想法填写即可。我们将对你的合作表示衷心的感谢！

1.你的年级：( )

○ A.三年级　○ B.四年级　○ C.五年级　○ D.六年级

2.你家里有上网条件吗？( )

○ A.有　○ B.没有　○ C.不知道

3.你上网查找过与学习有关的资料吗? ( )

○ A.经常　○ B.有时　○ C.很少　○ D.从没有

一、引言（Introduction）

同学们，秋天到了，秋风起了，你们留意过周围景色的变化吗？在我们祖国的中北部，不少树叶这时都变了颜色，换上了秋装。它们有的火红，有的金黄，有的夹杂着说不清的颜色……但奇怪的是，南国大地上，许多树叶却仍然焕发着勃勃生机，一片葱绿，这是为什么呢？

如果你们想研究其中的缘由，就赶快投入到“秋天的叶子”的研究活动中来吧！在走进大自然之前，先请同学们阅读一组与秋天的叶子有关的文章和资料，它们能使你们更多地了解秋天的叶子，帮助你们更好地完成研究活动。学习完文章和资料后，请你们想一想，自己有了探究的欲望和方向了吗？想亲自去研究哪些感兴趣的树叶和树木呢？

二、阅读（Reading）

“专题阅读”内容：《树木到了秋天为什么会落叶？》《秋天的叶子》《榕树（节选）》。

树木到了秋天为什么会落叶？

（资料来源：http://zhidao.baidu.com/question/34710700.html，资料搜寻：温怡玲同学）

图 1－1

（图片来源：千图网）

秋天意味着冬天的来临，树木为了自我保护需要休眠，而越冬休眠树木本身也需要养分，为了调节自己的体内平衡，很多树都需要落叶，减少水分、养分的损耗，储蓄能量，等到条件适宜再重新萌发；而一些松柏之类的树木因为叶片像针尖一样，损耗水分养分特别少，所以能保持常绿。

人们常用“秋风扫落叶”来形容温带地区的秋天的景色。秋天到了，杨树、槐树等温带地区的阔叶树的叶子渐渐衰老，随着瑟瑟的秋风，枯黄的树叶便悄然飘落了。你也许会为树叶的飘落而惋惜，但是你可曾想到，落叶恰恰是树木的自我保护。

天冷了，人们生上火炉，穿上棉衣。可是树木呢？它们唯有脱尽全身的树叶，尽量减少水分的蒸腾，才能安全地过冬。要不然，天寒地冻，狂风呼号，树根吸收水分已经很困难，而树叶的蒸腾作用却照常进行，你想想看，等待树木的除了死亡还会有什么呢？

叶柄本来是硬挺挺地长在树枝上的。到了秋天，随着气温的下降，叶柄基部就形成了几层很脆弱的薄壁细胞。这些细胞很容易互相分离，所以叫做离层。离层形成以后，稍有微风吹动，便会断裂，于是树叶就飘落下来了。

落叶是温带地区的阔叶树减少蒸腾作用，准备安全过冬的一种本领。

还有，这跟树木中含有的脱落酸有很大关系。脱落酸是一种抑制生长的植物激素，能促使叶子脱落。

头脑风暴：

（1）温带地区哪些树木能保持常绿？为什么？

（2）读了这篇文章，你还会为树叶的飘落而惋惜吗？为什么？

秋天的叶子

（资料搜寻：肖楚尧同学；资料组合：江梅老师）

春天的树叶有清新之美，夏天的树叶有浓郁之美，冬天的树叶有零落之美。但我更喜欢秋天的树叶，它象征着成熟，也意味着富强。

秋天的枫叶裹着火红的外套，就像一位衣着艳丽的小姐，灼灼其华。摘一片在眼前，那熊熊燃烧的“火焰”让我心里激情四溢。我小心翼翼地捧起它，哇，它的身体多像一只婴儿的小手啊！柄把茎脉伸展到叶子的四面八方，如同一张用自己毕生心血编织的大网把树叶团团围住。茎脉周围呈黑红色，茎脉颜色比叶肉微深一点。我把枫叶朝着太

图1-2 枫叶

（图片来源：千图网）

阳，举过头顶，啊！枫叶筋脉如同殷红的鲜血流遍它的全身。成片成片的枫叶林，远远望去，好似一大片一大片的火同时燃烧，在风的吹动下，左右摇摆，杜牧写得好，“停车坐爱枫林晚，霜叶红于二月花。”如今，我终于体会到这首诗的意境了。虽然是在凉风习习的秋天，但火红的枫叶却让人心里暖融融的。

忽然，一片银杏悠悠地飘落在我脚下，我捡起来，仔细地端详着，小巧的树叶在风中抖动着，犹如一把精致的扇子，不停地扇动。如针织般的茎脉光滑无比。一阵秋风吹过，银杏纷纷落下，有的像蝴蝶一样翩翩起舞，有的像小鸟一样展翅飞翔，还有的如舞蹈演员一般舞态生风，地上一片金黄，好像一张地毯，走上去“嘎吱”地响。

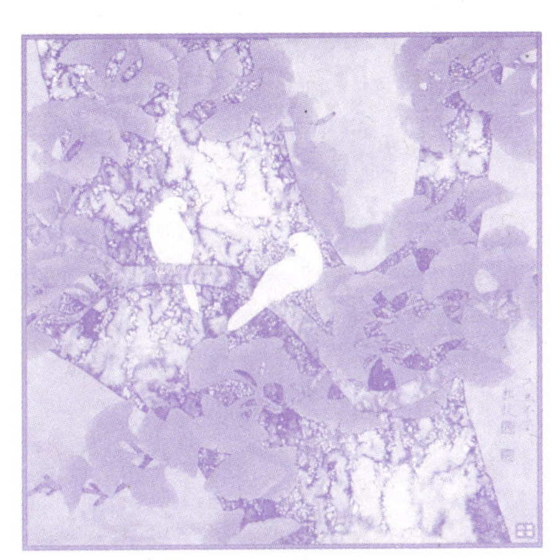

图1－3　银杏

（图片来源：千图网）

我最喜欢夹竹桃的叶子，它翠绿修长，像一个个亭亭玉立的舞蹈家，在微风里，站在属于自己的舞台上，尽情地伸展着腰肢，翩翩起舞，它那优美的舞姿，简直迷住了我的眼睛，它好像要把所有的活力都舞动出来。最令人赞叹的是当百花凋零时，它却傲然挺立在瑟瑟的秋风中，顶风霜、斗严寒，这种精神多么可贵啊！

图1－4　夹竹桃

（图片来源：千图网）

图1－5　白玉兰

（图片来源：千图网）

我还喜欢白玉兰，它的花瓣纯净洁白，比雪花还白三分，比天鹅的羽毛还纯洁，我欣赏它这种不染纤尘的品质。它的叶子更是品质不凡，是它衬托出了白玉兰的美丽，是它衬托出了白玉兰的高贵；它们就像一个个忠诚的士兵，时刻守护着白玉兰的纯洁，使它不受小型“飞碟”的侵犯。

还有最寻常可见的松柏和爬墙虎，如果你仔细观察的话，你也会喜欢上它们的。

松柏的叶子犹如珊瑚，上面好像有一些珊瑚虫在开 party，沙沙的秋风仿佛在为它们伴奏，其他的树叶也随风摇摆着，似乎在为它们鼓掌助兴，站在松柏林里，你可以听到它们为秋天演奏的交响乐。

当然，松柏是四季常青，而秋天红色的树叶更能显现几分这个季节特有的美，爬墙虎就是这样。

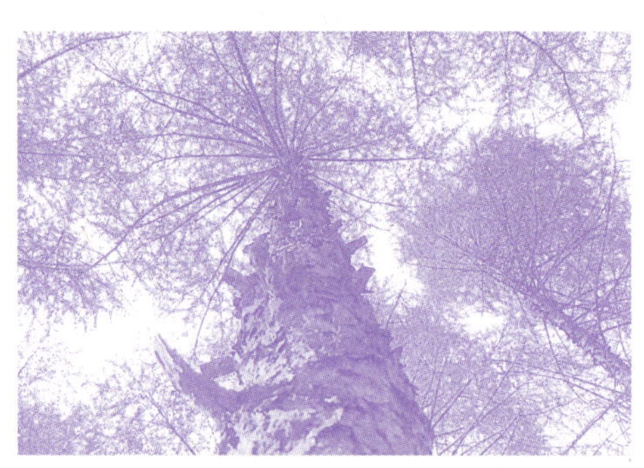

图1-6　松柏
（图片来源：千图网）

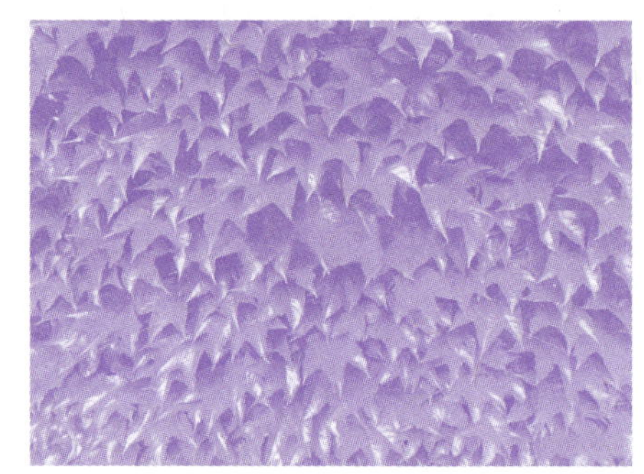

图1-7　爬墙虎
（图片来源：千图网）

秋风吹过，爬墙虎一下子像羞红了脸的小姑娘，碧绿的叶子换上了姹紫嫣红的新装，藤蔓交错地攀附在墙头，像无数条鲜艳的金鱼在玩耍，有的像在捉迷藏，有的像在招手，有的像在满怀好奇地张望……

每一片叶子都是秋天的使者，它们传递着秋天的消息，装扮着美丽的秋天。我好喜欢这样的叶子，为何不留住它呢？于是我做了一个标本，把爬墙虎做成“金鱼”，松柏和野草做成“珊瑚”“水草”。做完后，我小心翼翼地把它收藏了起来，哈哈，我不仅留住了秋天，也留住了一份美好的回忆。

我爱秋叶，诗人说：“落红不是无情物，化作春泥更护花”。秋叶无私奉献着，把自己的生命献给了下一代。我爱你——秋叶！

头脑风暴：

（1）你观察过秋天的叶子吗？能说出最喜欢的叶子和喜欢的原因吗？

（2）作者是怎样做秋叶的标本的？看着我们周围美丽的秋叶，你准备怎么做呢？

（3）用枫叶做玫瑰（http://blog.iiris.cn/post/391.html）。

图1-8　用枫叶制作玫瑰

图1－8 用枫叶制作玫瑰（续）

榕树（节选）

（资料来源：http://post. baidu. com/f? kz =201000244）

图1 -9　榕树

（图片来源：千图网）

榕树是桑科榕属植物的总称，全世界已知有800多种，主要分布在热带地区，尤以热带雨林最为集中。我国榕属植物约100种，其中云南分布67种（西双版纳有44种）占中国已知榕树总数的44.9%，占全世界的5.5%。

榕树是热带植物区系中最大的木本树种之一，有高板根、支柱根、绞杀、老茎结果等多种热带雨林的重要特征。生长在西双版纳的44种榕树中具有高板根的有17种，能形成各种气生根或支柱根的有26种。绞杀现象是榕属植物在东南亚热带雨林中的一个特殊现象；而独树成林则是某些榕树由绞杀阶段向独立大树过度转变时期，是众多的粗大支柱所形成的热带雨林特殊景观。

榕树还是一种重要的野生食物。在西双版纳地区被当作蔬菜的榕树主要有木瓜榕、苹果榕、厚皮榕、高榕、聚果榕、突脉榕、黄葛榕等。木本野生蔬菜富含丰富的维生素、矿物质，以及帮助人体消化的纤维素和苦味素。傣族人民普遍认为常吃木本植物的嫩枝、嫩叶可使人健康长寿，也可为少女保持轻盈体态，这些嫩枝、嫩叶是重要的民族药用植物。榕树中有9种植物常被用于治疗多种疾病，药用的部位包括根、树皮、叶和树浆等。

榕属植物中，有17种为具有高板根的大乔木，有26种具有气生根或支柱根，有8种具有老茎结果现象，有24种在幼苗阶段是附生植物，其中有21种随着榕树的生长，由绞杀植物发展成为乔木或大乔木，从而独树成林，这些特殊的生态现象构成了奇特的园林景观。许多榕树有开展的树冠、浓蔽的树阴，一直是传统的庭院植物。很多榕树也是重要的园林观赏树种，如高榕、菩提树、垂叶榕等十多个园艺品种。

头脑风暴：

（1）联系本学期学过的《鸟的天堂》一文，谈谈榕树为什么能“独木成林”。

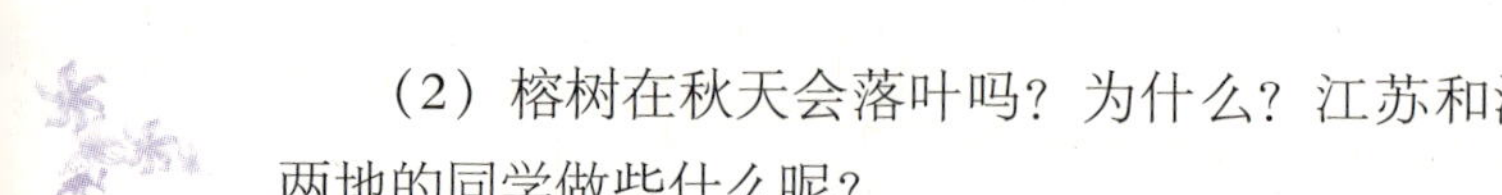

（2）榕树在秋天会落叶吗？为什么？江苏和河北有榕树吗？你们可以为那两地的同学做些什么呢？

三、探究（Inquiry）

同学们，完成了“秋天的叶子”主题文章和资料的阅读之后，你们一定有了亲自去观察、了解秋天的叶子和本地植物的欲望。但是，别着急，在走进校园、街道、公园或山野之前，请你和自己的小组成员想一想，你们确定好了感兴趣的树叶品种了吗？（石家庄常见的树木是槐树、梨树、枣树等，江阴有梧桐、银杏、枫叶、鹅掌楸等，而广州则有榕树、芒果树、紫荆树、木棉树等。）如果你们选好了当地的观察目标了，就请快乐地投入到探究活动中去吧！（**温馨提示：**在观察研究的过程中，不要停下收集、阅读资料的脚步，别忘了向指导老师、家长或社区园林工人请教，更别忘了把观察的所见、所感、所思记录到下面的记录表里。）

表 1－1 “秋天的叶子”观察活动记录表

观察记录区	
植物名称	
生长地点	
叶子特点及生长环境描述	重点记录：叶子外形的描绘。可以把叶子放到纸上描外形，然后拓印上叶脉，最后涂上颜色
当地气候特点	年平均气温：　　年最高气温：　　年最低气温： 湿度： 土壤的水分： 阳光： 其他：
我的结论或思考	
资料展示区	
在观察和思考的过程中，如果你拍摄了某种植物叶子的图片（请注意拍摄植物叶子的方法：近摄、背光、正面光。不要忽视了叶柄基部与枝干相连的地方），或者查找过相关的资料，请在此粘贴图片或者收集而来的文字资料等，它们将成为你参加交流展示活动的重要依据和成果	

 四、分享（Sharing）

同学们，完成了“秋天的叶子”探究活动后，你们一定对秋天的叶子有了更多的了解、更深的感情。而且，在观察的过程中，在制作叶子标本或手工艺品的过程中，你们或许发生了有趣的故事；或许发现了制作叶子标本、手工艺品的别致办法；或许由叶子联想到生命现象、生命价值；或许由研究叶子到研究植物及当地气候，甚至由当地植物的生存状态联想到生活哲理……当你们迫不及待地想和大家分享自己的活动成果时，一定要注意：无论是社会活动家还是科学家，要使自己的研究产生影响，必须以最能打动人、说服人的方式向公众宣传，以产生广泛的影响。

建议同学们用下面的方式来宣传自己的研究成果：

（1）用习作抒发对秋天叶子的热爱之情，也可以用习作描述手工制作叶子标本或叶子工艺品的全过程。

（2）用宣传海报（或手抄报、电子版报）展示叶子标本或手工艺品。

（3）用特写照片或 PPT（有家长指导的同学可以尝试这种宣传方式。展示所拍摄的叶子、植物，也可展示观察活动过程和叶子标本、手工艺品的制作过程。照片最好配上简短的文字说明）。

（4）写活动感想、活动反思，有能力的同学写综合研究报告。

无论表现如何，你观察研究的实际情况一定要真实明晰地表达出来，相信大家能够做到。研究成果完成后，请以小组形式发到鸢尾花网站上，与各试验学校的同学分享。期待着你们早日呈现自己的活动成果。

表 1-2 “秋天的叶子”综合实践活动评价表

学校__________ 班级__________ 姓名__________

课题名称		评价时间	
评价内容	我的表现		
我在活动中的表现			
我承担什么任务及完成情况			
我在活动中做出了什么贡献			
我在活动中有什么收获			

续上表

课题名称		评价时间	
评价内容	我的表现		
小组伙伴对我的评价			
家长对我的评价			
指导老师对我的评语			
我的收获与努力目标			

第二章

调查周围的环境

同学们，你们留意过周围的环境吗？它们和我们的生存有什么关系？希望你们通过专题阅读和交流产生对环境方面的思考，再带着问题走向生活，走向实践。

任务提示

亲爱的同学们，热烈欢迎你们加入“调查周围的环境”Moodle 课程学习！这个学期，有 80 多位孩子准备参与此次学习活动：你们来自不同的学校和班级，江老师多么希望你们在快乐的网络学习活动中相知相识。选读本门课程的第一位同学是鸢尾花博客的小明星——就读广州某小学五年级的黄秋怡，但愿她成为所有三年级学生的“导师”。最后，祝你们在本次学习之旅中同收获，共进步。

“调查周围的环境”Moodle 课程班学员第一期学习任务：

（1）请所有学习本门 Moodle 课程的孩子登录后进入“专题阅读一”（讨论区），完成四篇课文的阅读答题和研讨任务。谢谢！

（2）进入方法：点击页面左上方的“讨论区”，进入“专题阅读一”（也可以从阅读（Reading）板块进入），再逐篇阅读，回答问题并浏览同学的帖子。（小窍门：同时再以访客形式打开课文，这样就可以在答题时看到文章并拷贝需要的文段，减少打字数量。）

（3）回答问题前，请点击最上面的那个“回复”（课文之后）。

“调查周围的环境”Moodle 课程班学员第二期学习任务：

（1）在小组专栏下回复自己和组员搜集到的主题资料，相互阅读。

（2）浏览别组和外校信息，主动回复，进行交流或讨论。

“调查周围的环境”Moodle 课程班学员第三期学习任务：

同学们，完成课程的阅读、实践篇章任务之后，我们要开展交流、宣传活动啦！请把你们外出参观、调查的照片（照片可链接好看簿网址）、录像（录像可链接视频网址）、日记、调查表等内容发到课程上与所有人共享。谢谢大家！

一、引言（Introduction）

孩子们，你们喜欢小鸟吗？喜欢的话，我们可以先来认识翠鸟，看看它怎样捕鱼，家在哪儿？接下来，有几件奇怪的事情等着你们去了解、思考：会飞的燕子，为什么乘坐在漂亮舒适的空调列车上？一个山清水秀的小村庄，怎么就可怕地消失了……

二、阅读（Reading）

“专题阅读一”内容：《翠鸟》《燕子专列》《一个小村庄的故事》《路旁的橡树》。

翠　　鸟

（作者：菁莽）

翠鸟喜欢停在水边的苇秆上，一双红色的小爪子紧紧地抓住苇秆。它的颜色非常鲜艳：头上的羽毛像橄榄色的头巾，绣满了翠绿色的花纹。背上的羽毛像浅绿色的外衣。腹部的羽毛像赤褐色的衬衫。它小巧玲珑，一双透亮灵活的眼睛下面，长着一张又尖又长的嘴。

翠鸟鸣声清脆，爱贴着水面疾飞，一眨眼，又轻轻地停在苇秆上了。它一动不动地注视着泛着微波的水面，等待游到水面上来的小鱼。

小鱼悄悄地把头露出水面，吹了个小泡泡。尽管它这样机灵，但还是难以逃脱翠鸟锐利的眼睛。翠鸟蹬开苇秆，像箭一样飞过去，叼起小鱼，贴着水面朝远处飞走了。只有苇秆还在摇晃，水波还在荡漾。

我们很想捉一只翠鸟来饲养。老渔翁跟我们说：“孩子们，你们知道翠鸟的家在哪里吗？”我们摇摇头，“沿着小溪上去，在那陡峭的石壁上有一个洞，那就是它的家。洞口很小，里面很深。逮它很不容易呀！”我们只好打消了这个想法。在翠鸟飞来的时候，我们远远地看着它那美丽的羽毛，只希望它能在苇秆上多停一会儿。

温馨提示：

建议同学们在答题时选用以下思维支架：

（1）我认为/我的观点是……

（2）我以上的分析来自于……

（3）我分析所用的资料来源于/引自……（可粘贴网址）

在和别的同学讨论时，则可以选用这些思维支架：

（1）我（完全）同意×××的观点……

（2）我不太赞同×××的看法……

（3）我反对×××的观点……我的理由（证据）是……

头脑风暴：

（1）你从哪里感受到了翠鸟的可爱？

（2）你还认识哪些小鸟？打算怎样去了解？

燕子专列

（资料来源：http://tele.lbx777.com/gjc/yz/yz.htm）

1990年春天，在遥远的欧洲，一列漂亮舒适的空调列车旁，站满了送行的人们。他们送的是一批特殊的客人——燕子。燕子是候鸟，能长途飞行，怎么还用专门的列车运送呢？

事情是这样的：这年春天，成千上万只燕子从南方往北方迁徙时，在瑞士境内遇到了麻烦：当地气温骤降，风雪不止，几乎所有昆虫都被冻死了。燕子经过长途跋涉已经很疲劳，再加上找不到食物，饥寒交迫、濒临死亡的燕子到处可见。瑞士政府知道了这个情况，决定用火车把这些燕子送到温暖的地方去。

于是，政府通过电视台、广播电台呼吁人们立即行动起来，寻找燕子，把它们送到离自己最近的火车站。听到这个消息后，居民们纷纷走出家门，顶着漫天飞舞的大雪，踏着冻得坚硬的山路，四处寻找冻僵的燕子。

一个叫贝蒂的小姑娘，听到广播后，在家人的带领下，在覆盖着皑皑白雪的山间岩缝里寻找冻僵了的燕子。一天下来，她一个人就救护了十几只燕子。她的脸冻得通红，手冻得僵硬，但她一点儿也不在乎。

经过人们的努力，许许多多的燕子被送到了舒适的列车上。满满一列车叽叽喳喳的燕子，带着人类的友情驶向远方。它们仿佛在向人类致谢，说：“等天气暖和了，我们一定回来!”

头脑风暴：

（1）“燕子专列”可以说是千古奇观，它让你想到了什么？

（2）你还了解哪些类似的人与动物的感人故事吗？

一个小村庄的故事

山谷中，早先有过一个美丽的小村庄。山上的森林郁郁葱葱，村前河水清澈见底，天空湛蓝深远，空气清新甜润。

村子里住着几十户人家。不知从什么时候起，家家都有了锋利的斧头。谁家想盖房，谁家想造犁，就拎起斧头到山上去，把树木一棵一棵砍下来。就这样，山坡上出现了裸露的土地。

一年年，一代代，山坡上的树不断减少，裸露的土地面积不断扩大……树木变成了一栋栋房子，变成了各式各样的工具，变成了应有尽有的家具，还有大量的树木随着屋顶冒出的柴烟消失在天空了。

不管怎样，家家户户靠着锋利的斧头，日子过得还都不错。然而，不知过了多少年、多少代，在一个雨水奇多的八月，大雨没喘气儿，一连下了五天五夜，到了第六天黎明，雨才停下来。可是，那个小村庄不知被咆哮的洪水卷到了何处。

什么都没有了——所有靠斧头得到的一切，包括那些锋利的斧头。

头脑风暴：

（1）读了文章，你觉得美丽的小村庄是被什么毁灭了？

（2）请试着说说洪水、斧头和村民三者之间的关系。

路旁的橡树

从北方到南方的两座大城市之间，人们打算修建一条公路。这条公路将会宽阔、平坦又漂亮。

开始筑路了。一天，工人们来到田野上，那里长着一片不大的灌木林。工程师批示未来的路要铺在那里，于是工人们就往土里埋进排水管。

突然，工人们停了下来，把排水管放在地上。在这条路应该延伸过去的地方，挺立着一棵高高的橡树。它是那么粗壮、结实、挺拔，就像草原的哨兵一样。

工程师向工人们走来，他什么话也没对工人们说。工人们也沉默不语。工程师长久地看着筑路计划，然后把目光转向橡树，叹了口气。工人们也沉重地叹着气。

“计划是不可以修改的。”工程师说。

“橡树也不可以砍。”工人们说。

工程师拿出一根楔子，走到离橡树 100 米的地方，把楔子打进了地里。“现在谁也不会责备我们了。”他轻声地说。

几年过去了，一条宽阔的沥青公路从北方延伸到南方。它像箭一样笔直，但只在一个地方弯曲成马蹄形。

坐车过往这里的人不约而同地赞叹道：“筑这条路的人一定有一颗高尚的心。”

头脑风暴：

（1）你从工程师的做法中懂得了什么？

（2）读书是学习，读树也是学习。假如我们去大自然开展“读树”的活动，你准备怎么做？

“专题阅读二”内容：《白洋淀死鱼事件》《城市垃圾有哪些》《中山市为什么如此美丽》《环保小故事》。

白洋淀死鱼事件

（资料来源：http://news.h2ochina.com/society/wastewater/466691144314180_1.shtml）

2006 年 2 月和 3 月，河北白洋淀相继发生大面积死鱼事件，引起社会各界广泛关注，国家环境保护总局和农业部专家及河北省政府迅速组成调查组赶赴现场对死鱼事件进行调查。调查结果显示，水体污染较重，导致水中溶解氧过低是此次死鱼事件的主要原因。死鱼事件发生后，在国家环境保护总局（下面简称“环保局”）和河北省政府指导督办下，保定市政府及

图 1－10　白洋淀死鱼

（图片来源：千图网）

时采取措施。目前对淀区及上游河流 20 个断面 9 项指标的监测显示，淀区水质已有所好转。

造成白洋淀水体污染主要有 4 个原因：

一是保定地区污水处理厂建设严重滞后，大量未经处理的工业和生活污水进入白洋淀。保定市区每天产生生活和工业污水约 25 万吨，现只有日处理 16 万吨污水的能力，每天约有 9 万吨未经处理的污水通过府河进入白洋淀。白洋淀上游的其他 12 个市（县）也均未建城镇污水处理厂。

二是满城县造纸工业污水排放量明显增加。近两年，满城县特别是大册营镇造纸工业区造纸业发展失控，全县有 156 家造纸厂，污水排放量增至每天 8 万吨，除大册营镇污水处理厂日处理 3 万吨，其余 5 万吨只经过简单处理后即排入漕河。

三是白洋淀水位常年偏低，2005 年补水量只有 4251 万立方米，入冬以来持续干旱，且 2006 年补水较晚，从而导致淀区污染物浓度升高，水质恶化。

四是部分企业环保意识淡薄，存在偷排、偷放问题。由于当地环保部门监控手段落后，执法能力不足，监管不到位，一些企业受经济利益驱动，擅自停运治污设施，偷排、偷放污水。调查组在排查中发现，保定市银定庄和满城大册营镇污水处理厂不正常运行，特别是保定市新市区所辖 28 家造纸企业中有 27 家外排污水不能稳定达标。

保定市政府为了减少生活和工业污水对淀区的污染，已于 2006 年 3 月 19 日将府河污水截流，暂时排入唐河污水库。市政府对 218 家不稳定达标排放企业实行了关停和限产、限排，对 11 家违法排污企业进行了处罚，且迅速启动补水措施，分别从安格庄、王快水库紧急调水补入白洋淀，入淀水量达到 5000 万立方米。同时，为了解决渔民生活和生产困难，保定市制定了补偿方案，筹措落实赔偿资金。

城市垃圾有哪些

（资料来源：http://www.age06.com/Age06Public/Homepage/Class/benxilu/ViewArticle.aspx? ArticleID=413974，资料搜寻：蔡雯茵）

食品垃圾：人们在买卖、储藏、加工、食用各种食品的过程中所产生的垃圾。这类垃圾腐蚀性强、分解速度快，并会散发恶臭。

普通垃圾：废弃纸制品、废塑料、破布及各种纺织品、废橡胶、破皮革制品、废木材及木制品、碎玻璃、废金属制品和尘土等。普通垃圾和食品垃圾是城市垃圾中可回收利用的主要对象。

建筑垃圾：泥土、石块、混凝土块、碎砖、废木材、废管道及电器废料等。这类垃圾一般由建设单位自行处理，但也有相当数量的建筑垃圾进入城市垃圾中。

清扫垃圾：公共垃圾箱中的废弃物、公共场所的清扫物、路面损坏后的废物等。

危险垃圾：干电池、日光灯管、温度计等各种化学和生物危险品、易燃易爆物品以及含放射性物质的废物。这类垃圾一般不能混入普通垃圾中。

垃圾无害化处理的方式主要有以下三种：

填埋：填埋垃圾投资少，处理量大；技术要求不高。但是它占地面积大，造成污染的潜力大。在美国等发达国家都出现过垃圾填埋几十年后造成污染的事件。

堆肥：用堆肥方式处理垃圾，可使垃圾变成有机肥。但是这种垃圾肥的肥效低，销售有限，发展余地不大。

焚烧：焚烧垃圾具有回收热能和垃圾减量最彻底的优点（焚烧后垃圾减少80%~95%），然而这种方式耗资巨大。建设一个日处理垃圾1000吨的焚烧炉及附属热能回收设备，需要7亿~8亿元人民币。

中山市为什么如此美丽

（资料来源：http://bhxx.school.luohuedu.net/bhxx/zuopin/luse/web/zhongshanhbgs.htm）

广东省中山市是个美丽且宁静的小城。漫步街头，随处可见挺拔的棕榈、茂密的榕树、缤纷的鲜花，仿佛让人置身于多姿多彩的园林之中。即便是在闹市，也听不到汽车喇叭声，因为全城禁鸣。当地人讲，这里空气新鲜，衬衫几天不黑，皮鞋几天不脏，一年到头人很少感冒，北方人来了都说天天在“洗肺”。许多外商一来就流连忘返，因为“环境太好了，舍不得离开”。

中山市连续多年的环境保护投入占全市国内生产总值的2%以上，饮用水水质达到欧盟标准，所有工业污染源实现了达标排放，城市生活垃圾日产日清，无害化处理率达100%。中山市先后获得“国家卫生城市”“国家园林城市”“国家环保模范城市”和联合国“人居奖”等殊荣。这里的环境美，环保故事也讲不完。

环保第一关

一位投资者来到中山市，他首先通过种种关系找到了一位市领导。谁料，市领导告诉他，环保局是第一关。新上任何项目，首先都要经过环保局审批。如果环保审批不合格，就算是判了“死刑”，再找谁都没用。从 1991 年开始，中山市对建设项目审批实行“环保一票否决权”制度，凡上新项目，必须先经过环保审批同意后才能办理工商登记。近年来，全市已否决了一大批污染项目，哪怕有的项目投资额高达几十亿元。虽是忍痛割爱，却树立了环保的权威。

当然，环保局在严格把关的同时，更注重帮助企业治理污染。几年前，中山联合鸿兴造纸公司由于技术落后，日排废水量近 3 万吨，是著名的“污染大户”。市环保局多次到该公司检查，组织专家帮助企业进行技术改造。经过科研攻关，企业的废水全部达到循环使用要求，在大型造纸企业中率先实现“零排放”。如今，企业不仅不需要缴纳巨额超标排污费，还大大节约了用水，成为清洁生产的典范。

内河大会战

年初，中山市市长陈根楷到乡镇搞调研。在他的童年时代，这里到处是山清水秀的田园风光。然而，当他再次来到一条条熟悉的内河边时，只见河水黑如酱油，臭气熏天，让人掩鼻。有的河面还漂满了水葫芦，富营养化十分严重。面对此情此景，他的心情十分沉痛：“难道农民就该在如此恶劣的环境中生存？”经调查，内河污染主要是由生活污水、农业污染和家禽家畜污染造成的。于是，一场整治内河的战役迅速打响。

中山市共有 289 条河流，其中 113 条为内河，大多分布在镇、村。为了再现水乡秀色，市政府提出了 5 年让内河变清的目标。一是要求镇、村居民全部配备三级化粪池，解决厕所粪便直排问题；二是严禁垃圾下河，实行统一收运，集中处理；三是每个镇都要在 5 年内建设一座污水处理厂。同时，市政府还将内河整治纳入镇、村领导的岗位目标管理，对整治不力的实行两年提醒，三年通报批评，四年黄牌警告。5 月，各镇、村迅速展开了内河大会战。有的全民出动清理水葫芦，打捞垃圾；有的关闭了所有河边养鸡养猪场……经过治理，内河水质已有明显改善，部分河段由原来的超五类变为四类。从 12 月起，环保部门对各镇的内河断面进行定期监测，以此作为市政府考核镇领导的依据。

会算环境账

在环境保护问题上，中山市政府有一个观点：生态环境是一笔重要资产，发展经济一定要算环境账，使这笔资产持续增值。环境搞好了，就会产生极大的社会经济价值。

小榄镇有座龙山公园，碧波荡漾，风景优美。几年前，这里本是一家污染严重的漂染厂，周围百姓怨声载道。为了还居民一片净土，镇政府不惜花费 4800 万元，收购了这家企业，并在原地投资 2800 万元，清拆厂房，挖出一个人工湖，建成公园，群众拍手称快。镇领导说：从眼前看，经济上损失了；但从长远看，环境资产增值了。

岐江是中山人民的母亲河。随着经济的快速发展，这条河却一度黯然失色，河水变黑发臭，两岸不堪入目，周边居民纷纷搬迁。为了改变“污水穿城”的局面，市政府投入数十亿元开展了岐江综合整治工程。经过 5 年的努力，岐江再现迷人丰姿，水质已有明显好转，“岐江晚望”成为新的旅游景点。

据了解，仅岐江两岸的拆迁和绿化投资就达 1 亿元人民币，其中很多岸边土地是高价从外商手里收回的。对此，市领导坚信：环境建设最终会回报经济建设。事实上，岐江周围的地价迅速升值，有力地拉动了经济增长。良好的环境也吸引了许多国际知名企业，一些电脑、手表厂家纷纷来此落户，他们的投资理由很简单：环境是第一要素。

环保小故事

爱用纸巾的石头变了

（资料来源：http://zhidao.baidu.com/question/55270499.html，资料搜寻：章凯、张宇轩）

小石头从小就十分爱干净，吃饭时要用纸巾、洗完手要用纸巾、折纸用纸巾、撕纸更是一张张的纸巾……爸爸告诉他，木材是制造纸巾的原料，我们要节约。可是他不听，总是搞得家里到处是纸屑。

有一天，石头睡着了，梦里他高兴地去市民广场玩，走出家门，他就觉得怪怪的，今天好像特别热，市民广场上的树都到哪儿去了呀？石头问保安，保安说不知道；石头问小草，小草说不知道；石头问小鸟，小鸟告诉他，大树被卷走了，它们都要搬家了。石头连忙问："小鸟、小鸟告诉我，大树被什么风卷走了？"小鸟回答说，有个小朋友，特别爱用纸，木头都快被他用光了，我们都没有地方住了。说着，小鸟急急忙忙飞走了。

石头一听，脸马上就红了，着急地道歉："对不起，我以后再也不浪费纸了，我以后再也不浪费纸了。"梦醒之后，石头真的变了。小石头变得不再爱用纸了，而且还总是劝爱用纸的大人："木材是制造纸巾的原料，没有了树，大自然会失去平衡，地球就会很热，我们应该节约用纸。"

小鱼的家

（资料来源：http://blog.sina.com.cn/s/blog_5d7f76e50100cqke.html~type=v5_one&label=rela_prevartic，资料搜寻：尹隽悦）

小鱼的家是蓝色的门，蓝色的窗，蓝色的屋顶，蓝色的墙。房子的名字叫大海。

海面上飞着美丽的海鸥，它们忽而展翅高飞，忽而像剑一般地刺向大海。海面洒满着阳光，像无数的金波；海底有美丽的珊瑚礁、海藻，一群群快乐的鱼儿游来游去。

有一条小鱼，它的皮肤是银灰色的，美丽的鱼鳞像透明的镜子，闪着光，大家都叫它美美。

一天，美美非常想自己的朋友——小海马，于是，它走出了家门，刚走了几步，一只鞋从它的眼前滑落，吓了它一跳，美美急忙赶回家，拿出一把粉色的伞，这才放心地走出了家门。

当美美走了一半的时候，一只盒子又从天而降，它叹了一口气："幸亏没有砸到我的头！"又小心翼翼地向前走，还没有走几步，一只破啤酒瓶嗖的一声落到了伞上，又顺着伞布滑落下来，"现在污染怎么这么严重，幸好有这把伞保护着我，不然非得把我砸伤不可！"

美美终于来到了小海马的家。见美美打着伞，小海马觉得非常奇怪，问："美美，你为什么打着伞呢？"

"外面有许许多多垃圾，如盒子、鞋子、垃圾罐等，数也数不清，我没有办法，只好打着伞来了。"小海马唉声叹气地说："我本来也要去你家的，可遇到了同样的事情，我也没有办法。这不，我已经在家待了好几天了，都快闷死我了。这些人也真是的！"

小鱼急忙安慰："别伤心，我相信人类一定会把环境治理好的！"

听了这段对话，我们是不是应该保护好环境呢？我也相信有一天，鱼儿们会说："我家的环境好多了！"

森林里的环保汽车

（资料来源：http://www.gushi365.com/info/1092.html，资料搜寻：蔡雯茵）

森林公路开通了，小动物都能驾着自己的小汽车到处跑，方便极了。可麻烦事儿也接着来了：森林里到处都是汽车的喇叭声，吵得大家头昏脑涨；汽车尾气弥漫在森林之中，森林里的空气也越来越差。植物都说："我们实在受不了，就是一刻不停地工作，也没有办法消除空气中的灰尘，降低周围的噪音，这实在太糟糕了。"于是，狐狸老师召集大伙儿开会，讨论如何解决这个问题：

小鹿提议在汽车的底部装上一个小型吸尘器，汽车开动的时候就可以清除马路上的灰尘，把它吸入汽车内部的灰尘处理器，把灰尘转换成肥料。小动物可以用这些肥料来给花草树木施肥，让森林里的植物生长得更加茂盛。

狐狸老师打算设计一个太阳能发电机，在汽车顶部装上了新颖的太阳能收集器。天气晴朗的时候，太阳能就逐渐储存在里面，使汽车在阴雨天照常使用。大伙还建议将太阳能收集器设计成各种不同的样子。这些形状各异的太阳能收集器使汽车变得更漂亮，在森林中行驶，就像是一朵朵美丽的鲜花在森林里流动，漂亮极了。

百灵鸟建议把自己美妙的歌声录下来，装进了汽车喇叭的扬声器，一按喇叭，就会传出百灵鸟婉转的歌声，让整个森林都沉浸在美妙的音乐之中，小草、小花、小树都随着音乐跳起舞来。

小象想给汽车喷上新颖的汽车涂料。这些涂料最大的特点就是能散发出清香，吸收空气中的灰尘，降低周围的噪音。灰尘和噪音吸收越多，涂料的颜色就会变得越鲜艳，马路也就变成了一条彩色的车河，给森林增添一道奇特的风景。

小动物们开着环保汽车，森林从此空气清新，更加美丽、安静。

图 1－11

（图片来源：千图网）

别人的宣传

（资料来源：http://www.diyifanwen.com/Files/sucai/shouchaobao/huanbao41.jpg，资料搜寻：张文炜）

图1－12　手抄报

卫生清洁身体好，大家一起做环保。
伸伸手、弯弯腰，环保环境会更好。
果皮纸屑不乱丢，废旧电池要回收。
卫生清洁身体好，大家一起做环保。
花儿美，草儿俏，你我看了齐欢笑。
不摘花，不踏草，环境才能更美好。
树儿密，叶儿茂，树下游戏真热闹。
不砍树，不采叶，空气清新心情好。
蝶儿飞，鸟儿叫，舞姿翩翩多逍遥。
不捕蝶，不捉鸟，欢乐舞蹈一起跳。
废纸屑，瓜果皮，随手乱丢可不要。
垃圾桶，对你笑，赶快让他吃个饱。
清清水，欢乐流，随手关掉水龙头。
校园越来越美好，你欢笑来我欢跳。

环保宣传标语

（资料来源：http://www.jianshe99.com/html/2008%2F8%2Fxu230254431788002110.html，资料搜寻：蔡伊琳）

①没有地球的健康，就没有人类的健康
②善待地球，就是善待自己
③拯救地球，一起动手
④保护环境，从我做起
⑤促绿色消费，做绿色选民
⑥追求绿色时尚，拥抱绿色生活
⑦有限的资源，无限的循环
⑧垃圾混置是垃圾，垃圾分类是资源
⑨垃圾回收，保护地球；举手之劳，参与环保
⑩拣回垃圾分类老传统，倡导绿色文明新时尚
⑪保护环境，保存希望
⑫用行动护卫家园，用热血浇灌地球
⑬环保不分民族，生态没有国界

（1）漫画“只有今天待遇好”。请点击 http://www.js.xinhuanet.com/xin_wen_zhong_xin/2005-04/22/content_4113843.htm 链接，打开资源。

（2）《地球你好吗》——一首动听又感人的环保歌曲。请点击 http://v.ku6.com/show/QYT679xRQLGBdlVb.html 链接，打开资源。

（3）沙尘暴（电视新闻）。请点击 http://vsearch.cctv.com/plgs_play-CCTV4_20080301_2853805_0.html? 链接，打开资源。

三、探究（Inquiry）

同学们，接下来我们要开始进行探究活动了，请你们各自组队，选择自己感兴趣的方向，利用下表记录自己的活动过程及结果吧！

1.“调查周围的环境”小组活动方案空白表格

表 1－3 “调查周围的环境”综合实践主题活动小组活动方案

学校________ 班级________ 姓名________

小组活动主题：
小组名称：
活动时间：
活动地点：
活动目标：
活动方法：
活动步骤及分工：
预期成果及成果形式：

2. 两份具有参考价值的活动方案，见表 1－4、表 1－5

（资料来源：http://www.thjy.org/jiangmei/article/633049930823750000/633470399045106523.aspx）

表 1－4 活动方案案例一

小组活动主题：地震研究
小组名称：六星伴月
活动时间：5 月 25 日
活动地点：网络、家中

续上表

活动目标：（1）阅读有关地震网站的科普文章，增长地震专题知识； （2）了解地震的原因，广州发生地震的可能性，广州房屋的抗震能力； （3）形成一份地震研究报告
活动方法：（1）查找地震知识和原因； （2）调查、采访； （3）角色模拟
活动步骤及分工：（1）查找、阅读有关地震网站的科普文章；（全体组员） （2）以科学家的身份研究本地区发生地震的可能性；（廖　林） （3）以政府工作人员的身份研究房屋建筑的抗震标准和建筑抗震的法规，执法措施及广州房屋的抗震能力；（郄周赖） （4）完成地震研究报告（郄周赖） （资料来源：中国地震信息网，http://www.csi.ac.cn）
预期成果及成果形式： 地震研究报告（PPT 形式）

表 1－5　活动方案案例二

小组活动主题：地震侦察员
小组名称：龙腾虎跃
活动时间：本周五
活动地点：网络、学校、家中
活动目标：（1）了解地震基本救护知识； （2）侦查学校、家庭在地震时潜在的危险情况； （3）侦查社区在地震时潜在的危险情况； （4）协助家庭、学校减少地震灾害（来临时可能遇到）的潜在危险
活动方法：（1）查找资料；（2）实地侦察；（3）讨论 （资料来源：地震逃生模拟场景，http://www.kepu.net.cn/gb/earth/quake/flash/quake.html；地震模拟展馆，http://www.kepu.net/gb/earth/quake/）

续上表

活动步骤及分工：（1）查找地震救护知识，讨论地震时可能遇到的种种危险；（全体组员） （2）观察地震时校园可能潜在的危险项目，标记在学校平面图上；（黄，陈） （3）侦查地震疏散路线上的危险项目，想好应对方法，思考如何建议改善；（全体组员） （4）侦察地震时家中可能潜在的危险项目；（赵） （5）完成校园、家庭地震潜在危险图（或者是侦察报告）（全体组员）
预期成果及成果形式： 校园、家庭地震潜在危险图（或者是侦察报告）

3. 请给其他小组的活动方案提点意见或建议

各小组可视化实践过程：

（1）文献资料搜集及分析、处理。

温馨提示：请不要直接把资料从其他网站粘贴过来。应该先打开 word 文档，粘贴网址后（告诉人们资料的出处），再复制资料。尽量在 word 里编辑一下内容：删除参考 作用不大的文字，用另外的字体、颜色突出关键文字（还可以写批注），以体现你们整理、分析资料的过程。

（2）小组活动的文字（日记、诗歌、习作……）或表格记录。

（3）小组活动的照片、视频等"证据"。

接下来的章节内容的可视化实践过程均可参照此处。

4. "调查周围的环境"研究活动记录表

表 1－6 "调查周围的环境"研究活动记录表

研究记录区			
小组名称		带队（指导）家长	
研究主题			
研究地点			
我们调查、探究前所提的问题			
我们调查、探究的过程			
我们的收获或思考			

续上表

资料展示区（可用电子文档）
在参观、采访、调查、探究和思考的过程中，如果你们组拍摄了与主题活动有关的照片，或者查找过相关的资料，请在此粘贴照片或者收集而来的文字资料等，它们将成为你们参加交流展示活动的重要依据和成果

四、分享（Sharing）

同学们，完成了“调查周围的环境”探究活动后，你们一定对身边的环境有了更多的了解，感受到保护环境的重要性和紧迫性。而且，在从阅读走向实践的一系列活动中，在与小伙伴合作调查，外出参观、访谈等过程中，你们已经开始身体力行地保护身边环境，还想把自己创建美好家园的金点子宣传出去，感召更多的人参与你们的行动。

1. “调查周围的环境”成果展示方法指引

但是，当你们迫不及待地想和大家分享自己的活动成果时，想展开宣传活动时，一定要注意：无论是社会活动家还是科学家，要使他的研究产生影响，必须以最能打动人、说服人的方式向公众宣传，以产生广泛的影响。

建议同学们用下面的方式宣传自己或小组的研究成果：

（1）通过写活动收获、活动反思，抒发对环境问题的认识、感想，也可以用文字描述某个印象深刻的活动片段。（全班同学必做）

（2）通过文艺表演或制作环保手工艺品来宣传研究成果。

（3）用宣传海报（手抄报、电子版报）展示小组研究主题内容或过程。

（4）用特写照片或幻灯片（有家长指导的小组可以尝试这种宣传方式。可以展示整理过的文字、图片，可以展示实物，还可以展示小伙伴合作调查、外出参观、访谈等过程。照片最好配上简短的文字说明）。

（5）能力超强的同学尝试写综合研究报告。

无论如何表现，你们调查研究的实际情况一定要真实明晰地表达出来，相信大家能够做到。研究成果完成后，请以小组形式发到天河魔灯和鸢尾花网站上，与其他人分享。期待你们早日呈现自己的活动成果。

温馨提示：在汇报环节，汇报的同学要求态度大方、声音响亮、表达流畅，从阅读、思考、实践、收获等方面来进行综合展示。下面的同学则需要认真倾听、大胆提问，对汇报小组提出意见或建议，并做出积极的评价。

2. 完整成果大亮相

比一比，看哪个小组的完整成果最有特色！

3. 综合活动评价总表

孩子们，快来看看你们的活动评价总表。希望你们能通过评价意见总结反思、取长补短、再接再厉！

表 1－7 “调查周围的环境”综合活动评价总表

学校__________ 班级__________ 姓名__________

<table>
<tr><td>姓名</td><td colspan="2"></td><td>我的小组</td><td>指导教师</td><td colspan="3"></td></tr>
<tr><td rowspan="2">评价主体</td><td rowspan="2" colspan="3">评价要点</td><td colspan="4">评价等级（打√）</td></tr>
<tr><td>好</td><td>较好</td><td>一般</td><td>需努力</td></tr>
<tr><td rowspan="5">学生自评</td><td colspan="3">1. 提出自己感兴趣的问题，自主选择小主题。</td><td></td><td></td><td></td><td></td></tr>
<tr><td colspan="3">2. 参加了资料查找活动，获得了研究方面的知识。</td><td></td><td></td><td></td><td></td></tr>
<tr><td colspan="3">3. 积极参与了小组活动方案的制定。</td><td></td><td></td><td></td><td></td></tr>
<tr><td colspan="3">4. 在小组的外出实践、成果整理或汇报活动中承担了一定的任务。</td><td></td><td></td><td></td><td></td></tr>
<tr><td colspan="3">想说的话：</td><td></td><td></td><td></td><td></td></tr>
<tr><td rowspan="3">组员评价</td><td colspan="3">1. 在各阶段活动中与小组成员愉快地分工合作。</td><td></td><td></td><td></td><td></td></tr>
<tr><td colspan="3">2. 通过项目活动，该同学的信息技术水平提高了。</td><td></td><td></td><td></td><td></td></tr>
<tr><td colspan="3">想说的话：</td><td></td><td></td><td></td><td></td></tr>
<tr><td rowspan="4">家长评价</td><td colspan="3">1. 孩子对活动感兴趣。</td><td></td><td></td><td></td><td></td></tr>
<tr><td colspan="3">2. 孩子的知识面拓宽了，综合运用知识能力得到提高。</td><td></td><td></td><td></td><td></td></tr>
<tr><td colspan="3">3. 孩子的探究、创新意识得到增强。</td><td></td><td></td><td></td><td></td></tr>
<tr><td colspan="3">想说的话：</td><td></td><td></td><td></td><td></td></tr>
</table>

续上表

姓名		我的小组		指导教师			
评价主体	评价要点			评价等级（打√）			
				好	较好	一般	需努力
教师评价	1. 学生通过阅读、选题活动提出了一个及一个以上的问题。						
	2. 学生参与了小组的各阶段活动。						
	3. 综合运用问卷调查、数据分析等研究方法解决问题的能力有所提高。						
	想说的话：						

4. 评选优秀小组和组员（请说出推选理由）

孩子们，推选前请仔细浏览：哪些同学已经被推选了？如果有人推选了你心目中的人选，你跟在后面“回复”就行了。请不要再“添加一个新讨论话题”。谢谢大家！

第三章

生活中的传统文化

同学们，你们想了解、探究和分享生活中的传统文化吗？那就赶快行动起来，从阅读走向实践，走近多姿多彩、博大精深的中华传统文化吧！

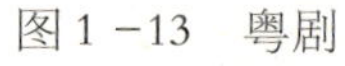

图 1－13　粤剧

（图片来源：千图网）

图 1－14　西关大屋

（图片来源：http://blog. sina. com. cn/s/blog_69a5b5620102vljw. html）

任务提示

有三所学校的三个班级参与 Moodle 网络课程的学习。这三个班级分别是深圳市南山实验学校三年（4）班，指导老师：陈昆；广州市某小学三年（1）班，指导老师：赵丽贤；广州市天河区龙口西小学三年（2）班，指导老师：江梅。

学员第一期学习任务：

（1）热烈欢迎深圳市南山实验学校三年（4）班的同学加入“生活中的传统文化”课程学习！

（2）国庆期间，请所有学习 Moodle 课程的孩子登录后进入讨论区，完成四篇课文的阅读答题和研讨任务。谢谢！

（3）进入方法：点击页面左上方“活动”中的“讨论区”，进入“生活中的传统文化”综合课程专题阅读，再逐篇阅读，回答问题并浏览同学的帖子。（小窍门：同时再以访客形式打开课文，就可以在答题时看到文章并拷贝需要的文段，减少打字数量。）

学员第二期学习任务：

（1）在小组专栏下回复自己和组员搜集到的主题资料，相互阅读；

（2）回复小组活动日记；

（3）浏览别组和外校信息，主动回复，进行交流或讨论。

学员第三期学习任务：

（1）同学们，研究了自己感兴趣的专题之后，我们该体现集体的力量了：用 WIKI 这种有趣的软件进行协作与共享。也就是说，把各小组成果汇集起来，把自己还知道的传统文化书写出来，创造我们的合作成果，编成一本“电子书”！

（2）编“电子书”方法：帐号登录，点击左上角 WIKI，进入“广东传统文化”页面。在“广东传统文化”页面中，可以看到“显示”“修改”“链接”“历史”四个菜单栏。点击“修改”菜单可以对页面内容做任何修改，不必担心出错，以后随时可以修改回来。如果想得到他人帮助，解决一些难点，并在页面中呈现交互，可采用以下方法：比如，在“广绣”一段文字后面增加这样的文字：“关于‘广绣’的资料应该包括工艺概述、历史沿革、品种、工艺特色、优秀作品、流派，但是其他的想不起来了，寻求大家帮忙！”然后输入：[请同学们帮助修改]（英文半角的 [ ] 号）并点击“保存”按钮，在“请同学们帮助修改”文字后面会出现问号，点击该问号同样进入该页面，其他的同学可以在此处添加内容，丰富文本内容。

一、引言（Introduction）

同学们，这次综合实践活动我们要去三年级语文课本的第五组课文中认识古代大思想家孔子，阅读关于宇宙起源的美丽神话故事，欣赏我国乃至世界建桥史上的宝贵文化遗产——赵州桥，以及世界艺术长廊中一颗璀璨的明珠——我国宋

代画家张择端的作品《清明上河图》。另外，老师们也在魔灯上为你们准备了关于广东传统文化的图文、音乐及视频“大餐”，欢迎你们尽情“品尝”。

完成了阅读任务之后，同学们一起聊聊生活中还有哪些传统文化。

二、阅读（Reading）

“专题阅读”内容：《孔子拜师》《盘古开天地》《赵州桥》《清明上河图》。

孔子拜师

孔子年轻的时候，就已经是远近闻名的老师了。但是他总觉得自己的知识还不够渊博，三十岁的时候，他离开家乡曲阜，去洛阳拜大思想家老子为师。

曲阜和洛阳相距上千里，孔子风餐露宿、日夜兼程，几个月后，终于走到了洛阳。在洛阳城外，孔子看见一辆马车，车旁站着一位七十多岁的老人，穿着长袍，头发和胡子全白了，看上去很有学问。孔子想：这位老人大概就是我要拜访的老师吧！于是上前行礼，问道：“老人家，您就是老聃先生吧？”“你是——”老人见这位风尘仆仆的年轻人一眼就认出了自己，有些纳闷。孔子连忙说：“学生孔丘，特地来拜见老师，请收下我这个学生。”老子说：“你就是仲尼啊，听说你要来，我就在这儿迎候。研究学问你不比我差，为什么还要拜我为师呢？”孔子听了再次行礼，说：“多谢老师等候。学习是没有止境的。您的学问渊博，跟您学习，我一定会大有长进的。”

从此，孔子每天不离老师左右，随时请教。老子也把自己的学问毫无保留地传授给他。

人们佩服孔子和老子的学问，也敬重他们的品行。

头脑风暴：

你认为孔子“拜师”的做法跟他后来的成就有关系吗？

有关孔子，这儿为大家提供了更多阅读资料：http://tele.lbx777.com/gjc/kz/kz.htm。

盘古开天地

很久很久以前，天和地还没有分开，宇宙混沌一片。有个叫盘古的巨人，在这混沌之中，一直睡了十万八千年。

有一天，盘古忽然醒了。他见周围一片漆黑，就抡起大斧头，朝眼前的黑暗猛劈过去。只听一声巨响，混沌一片的东西渐渐分开了。轻而清的东西，缓缓上升，变成了天；重而浊的东西，慢慢下沉，变成了地。

天地分开以后，盘古怕它们还会合在一起，就头顶着天，脚踩着地，随它们的变化而变化。天每天升高一丈，地每天下沉一丈，盘古也越长越高。这样不知过了多少年，天和地逐渐成形了，盘古也累得倒了下去。

盘古倒下后，他的身体发生了巨大的变化。他呼出的气息，变成了四季的风和飘动的云；他发出的声音，化作了隆隆的雷声。他的双眼变成了太阳和月亮；他的四肢，变成大地东、西、南、北四极；他的肌肤，变成了辽阔的大地；他的血液，变成了奔流不息的江河；他的汗毛，变成了茂盛的花草树木；他的汗水，变成了滋润万物的雨露……

人类的老祖宗盘古，用他的整个身体创造了美丽的宇宙。

头脑风暴：

（1）故事《盘古开天地》让你想到了什么？

（2）你准备怎样去了解中国古代的神话故事？

一幅名扬中外的画

北宋时期，有位画家叫张择端。他画了一幅名扬中外的画——《清明上河图》。这幅画长528.7厘米，高25.2厘米，画的是北宋都城汴京以及汴河两岸热闹的场面。这幅画已经有八百多年的历史了，现在保存在北京的故宫博物院里。

张择端画这幅画的时候，下了很大的功夫。光画上的人物，就有五百多个：有从乡下来的农民、有撑船的船工、有做各种买卖的生意人、有留着长胡子的道士、有走江湖的医生、有官吏和读书人……三百六十行，哪一行的人都在这上面了。

图1－15

（图片来源：千图网）

画上的街市可热闹了。街上有挂着各种招牌的店铺、作坊、酒楼、茶馆……走在街上的，是来来往往、形态各异的人：有的骑着马、有的挑着担、有的赶着毛驴、有的推着独轮车、有的悠闲地在街上溜达。画面上的这些人，有的不到一寸，有的甚至只有黄豆那么大。别看画上的人小，每个人在干什么，都能看得清清楚楚。

最有意思的是桥北头的情景：一个人骑着马，正往桥下走。因为人太多，眼看就要碰上对面来的一乘轿子。就在这个紧急时刻，那个牧马人一下子拽住了马笼头，这才没碰上那乘轿子。不过，这么一来，倒把马右边的两头小毛驴吓得又惊又跳。站在桥栏杆边欣赏风景的人，被小毛驴惊扰了，连忙回过头来赶小毛驴……张择端的这幅画是多么传神啊！

《清明上河图》让我们看到了八百多年以前的古都风貌，看到了当时普通老百姓的生活场景。

头脑风暴：

（1）《清明上河图》名扬中外的原因是什么？

（2）你喜欢中国古代绘画吗？为什么？

《清明上河图》的有关资料：http://tele. lbx777. com/gjc/qmsht/qmsht. htm。

赵州桥

河北省赵县的洨河上，有一座世界闻名的石拱桥，叫安济桥，又叫赵州桥。它是隋朝的石匠李春设计和参加建造的，到现在已经有一千三百多年的历史了。

赵州桥非常雄伟。桥长五十多米，九米多宽，中间行车马，两旁走人。这么长的桥，全部用石头砌成，下面没有桥墩，只有一个拱形的大桥洞，横跨在三十七米宽的河面上。大桥洞顶上的左右两边，还各有两个拱形的小桥洞。平时，河水从大桥洞流过，发大水的时候，河水还可以从四个小桥洞流过。这种设计，在建桥史上是一个创举，既减轻了流水对桥身的冲击力，使桥不容易被大水冲毁，又减轻了桥身的重量，节省了石料。

这座桥不但坚固，而且美观。桥面两侧有石栏，栏板上雕刻着精美的图案：有的刻着两条相互缠绕的龙，前爪相互抵着，各自回首遥望；还有的刻着双龙戏珠。所有的龙似乎都在游动，像活的一样。

赵州桥表现了劳动人民的智慧和才干，是我国宝贵的历史遗产。

头脑风暴：

（1）为什么说赵州桥是我国宝贵的历史遗产？

（2）你所在的地区有这样了不起的古代建筑吗？

赵州桥图文资料：http://tele.lbx777.com/yw05/x_zzq/xgzs05.htm。

李春简介：http://tele.lbx777.com/yw05/x_zzq/xgzs06.htm。

（1）广东传统文化。点击 http://www.gzmtr.cn/travel/travel/t20071205_152291.htm 链接，打开资源。

（2）粤剧名段视频：贵妃醉酒。点击 http://vsearch.cctv.com/plgs_play-tvprogramme_20080304_2866848_0.html 链接，打开资源。

（3）荔湾西关古老大屋——广州传统建筑的瑰宝。点击 http://www.taoxoo.com/l-sightseeing/lingnan-construction/2008190381502.html 链接，打开资源。

（4）粤语。点击 http://zhidao.baidu.com/question/11314071.html?fr=qrl 链接，打开资源。

（5）精彩纷呈的广州珠村乞巧文化节。点击 http://www.tvtour.com.cn/dv/video_3557.html 链接，打开资源。

三、探究（Inquiry）

传统文化包括民族服饰、生活习俗、古典诗文、忠效观念、传统建筑等等，你是否对其感兴趣呢？若是感兴趣的话，还不赶快行动起来！

1. 瞧瞧别人是怎样制定小组活动方案的

点击 http://www.thjy.org/jiangmei/article/633049930823750000/633470399045106523.aspx 链接，打开资源。

2. 小组活动方案空白表格

（表格参见“第二章　调查周围的环境”，此处略。）

3. 制定小组的活动方案

4. 给各小组的活动方案提点意见

5. 完成“生活中的传统文化”研究活动记录表

（参见“第二章　调查周围的环境”，此处略。）

四、分享（Sharing）

探究完传统文化，是不是体会到了中国是一个地大物博的国家了呢！接下来就请分享你的探究结果吧！

1. 如何展示成果？请看指引

（参见“第二章　调查周围的环境”，此处略。）

2. 怎样才是有效的交流？

在展示交流环节全情参与，不做看客，对汇报小组提出意见或建议，做出相关评价。

3. 活动区域

活动区域是小组过程资料汇集和成果展示的天地。各个学校的班级活动区域是不一样的，请同学们认准。同时也欢迎合作学校的同学进来浏览和评论。

4. 到了总结、反思、评价的时候啦！

（1）综合实践活动评价表样例。

点击 http://www.haokanbu.com/story/78783/链接打开资源。

（2）请上交活动评价表。

5. 评选小组优秀成员

孩子们，我已经把全班同学列为优秀组员候选人了。但是，我发现，Moodle学习班的同学只有一次投票机会（投了一个人的票之后，就再也不能参与投票了）。所以，请考虑清楚之后，才投下你宝贵而神圣的一票！（要记得优先考虑落选“优胜小组”的同学哦）

第四章

广州的交通

过去，人们常说“羊城无处不塞车”。如今，城市面貌大变的广州，交通状况如何了？

同学们，让我们一起来考察广州道路交通的变化，一起来调查分析交通热点事件，一起来为广州的交通改善出谋划策！

交通知识大比拼

欢迎进入热身环节：对于“交通”，你们知道什么？

一、引言（Introduction）

毫无疑问，BRT 是这些年广州市民热议的一个词汇。中山大道的 BRT 未建之前，有人说，BRT 建成后应该可以缓解交通堵塞的困局；也有人说，在现有道路资源有限的情况下再开辟公交车专用道，可能会导致天河一带的交通更加拥挤。现在，BRT 已经开通几年了，乘客们会有些什么说法呢？

二、阅读（Reading）

“专题阅读”内容：《广州治堵何时亮剑?》《地平线下的故事》《广州出租车调价民意调查》。

广州市治堵何时亮剑？

（资料来源：http://v. youku. com/v_show/id_XMTQ4NjE1NDEy. html）

2010 年 7 月 13 日上午 12 时许，记者从天河立交驾车至岗顶中山大学附属第三医院（以下简称“中山三院”）门口，短短 2.2 公里的路程却用了整整 41 分钟。记者从天河立交转入天河路，到了购书中心对出路段就开始走走停停。当时天河路并无事故发生，然而光到体育东路口就用了 18 分钟。记者看到，由于天河北路塞车，黄埔大道行车不畅，直接导致体育东路塞车，车龙甚至排到交叉路口中央，两股车龙扭在一起，连红绿灯和协管员都无法有效指挥。

待过了该路口，车流陷入长期停车状态，往往两三分钟才“动一下”，每次挪不到 20 米。到岗顶后，石牌西路涌出大量车流，不断“冲击”已走不动的天河路，即便有交警疏导也不见明显好转，甚至还有车在此随意停靠。而中山三院门口则更为混乱，不少病人和家属都打车来医院，出租车下客后又在门前兜客，也不管身后已大排长龙。此外，五山立交上桥位夹在中山三院门口和石牌西路口中间，三个瓶颈点密集扎堆，严重影响了西往东方向车流疏导。

有车主建议，将电脑城对开的石牌西路口设为禁停区，而在百脑汇、地中海电脑城门前设置港湾式停靠位，以减少乱停车的影响。此外，中山三院门口也应进行改造，不能让停靠车辆在此节点占用宝贵车道，停靠最好学习酒店，改在院内上落客或者占用部分人行道。

头脑风暴：

请同学们阅读完以后自由提问并解答。

（1）同学们自由提问时要注意问题的完整性。

多用“五何”问题分类法之中的后四种进行提问：“why”（为什么）、“how”（怎么样、怎么办）、“if”（如果……会……）、“from”（由什么引起的）。

（2）在答题时，先把“回复”的标题改一改，说明是回答谁的问题，再选用以下思维支架：

我认为/我的观点是……我以上分析来自于……

我分析所用的资料来源于/引自……（可粘贴网址）。

（3）在和别的同学讨论时则可以选用这些思维支架：

我（完全）同意×××的观点……

我不太赞同×××的看法……

我反对×××的观点……我的理由（证据）是……

地平线下的故事

（资料来源：http://news.sina.com.cn/c/2006-12-09/144010724315s.shtml）

截至昨日，“地平线下的故事”已在本版刊登完毕。此次，本报社共派出6位记者，采写了28个地铁普通员工的感人故事。通过深入地铁一线，6位记者百感交集；而通过体会地铁员工的酸甜苦辣，广大读者对广州地铁有了更透彻的了解。

钻入地底，有种感觉叫震撼

本报记者杨媛

深入正开挖中的五号线区庄站———全国第一个全暗挖车站，有种感觉叫震撼。暗挖，是为了不封路、少扰民。小井口里施工正如火如荼地进行着。顺着铁梯拐十四个弯下到地底33.22米的“井底”，发现这里轻度缺氧、粉尘飞扬，却别有洞天。井壁上一段水平方向的通道已挖出几十米，这是未来的五、六号线换乘通道。原来一个大工程是从挖一口“井”开始的，往深处推进、再横向拓展：建车站、开隧道……广州的地底下有流沙带、溶岩区、断裂层……“大敌”

当前，地铁人往往需要与其斗智斗勇，不停创新，也由此涌现出一大批“吃螃蟹”的人。

他们身上，暗藏同一股力量

本报记者戚耀琪

在采访地铁人的过程中，我发现职业精神在他们身上具象化了。这群于我们全然陌生的劳动者身上，暗藏着一股相同的力量。忠厚、机灵、坚毅、大胆，这是他们共同的标签。

地铁工作是压力职业，这个集体能培养出如此训练有素、心态一流的职业团队，我想，唯一的理由是，城轨事业是朝阳事业，具备惊人的扩张力和想象力，这给予了地铁人无穷力量。

地平线下，阳光照样透进来

本报记者蔡霞

“妈咪”站长潘素珍、朴实无华的张宗贵、资深司机邝文添、开路先锋钟虬柱、地铁指挥官吴兆斌……一个个平凡却闪亮的地铁人物，让我的采访在充实和感动中度过。在特定环境工作的他们，或许鲜少见到太阳，但是他们身上就充满着阳光般的生机和朝气。

感谢，在地铁采访时看到的一幕幕奉献与付出；欣慰，在与地铁人闲聊中感受到的快乐和满足。

城市暗处，有串钉子在闪光

本报记者李晓莉

在采访之前，我跟其他市民一样，经常乘坐地铁，经常奔波在这个城市地底下，也一心盼着地铁沿线开得更长、更远……

采访之后，才知道，一切并不容易。为了地铁的正常运作，他们一直在忙碌：有的奔波于泥地，有的热诚服务着乘客，还有的整天埋头修理高精尖仪器……

突然想起一句很“老土”的话：我们要有钉子精神，干一行爱一行专一行。结束采访后，我想，他们都是地铁里闪亮的钉子。

便民出行：一个朴实的承诺

本报记者罗冰

采访之前，我对于地铁的认识，和许多市民一样，是粗浅而模糊的。每天走入地铁，刷卡乘车，享受着整洁与便利，却很少想到背后凝聚了多少人的心血。我的采访对象里有车辆研发工程师、车辆检修工、土建项目经理、信号工和羊城通检修工，这些人都是如此质朴、敬业，不是我想象中的神秘人物，而是默默耕耘的幕后英雄。每个人谈到自己的心愿，首先说的都是：希望能使市民出行时更舒适更便捷。

这就是地平线下的英雄们朴实真诚的承诺。

地铁气质，让广州地铁壮大

本报记者岑杰昌

采访过程中，形形色色的地铁人所拥有的“地铁气质”让我感动。

地铁，为广州提速。这句宣传口号让我对地铁有模糊的认识，在采访了地铁人之后，这种认识变得清晰、具象。地铁的宣传、轨道维护和地铁站内空调系统维护，原以为很简单的三件事，采访后方知其背后的艰难。安志强、李景阳、吴淘，无一不是满心欢喜地在地平线下挥洒着青春和血汗。

这三位地铁人，代表着不同的地铁人群，但其身上蕴藏着同样的“地铁气质”。有了它，我相信，广州地铁的明天会更好！

头脑风暴：

请同学们阅读完以后自由提问并解答。

广州出租车调价民意调查

（资料来源：http://auto.qq.com/a/20110505/000002.htm）

继此前在微博“爆料”广州出租车起步价将由 7 元调价到 10 元之后，广州市政协委员韩志鹏前日再度在微博上透露，广州社情民意调查研究中心已对广州市出租车起步价调为 10 元进行民意调查，结果显示市民认为“不太合理”和“不合理”的比例居多，为 57.9%。

昨晚，韩志鹏向记者提供了这份广州社情民意研究中心所做的《2011 年广州市出租车服务状况公众评价》的调查报告。报告显示，对于出租车乘车费用，市民表示“勉强接受”的居多，比例为 48.5%；表示“可接受”的为 40%；相比 2008 年，表示“可接受”的比例下降了 7.8%，而“不可接受”的上升了 6%。

调查也发现，如果调高市内出租车起步价，有 57.1% 的人明确表示“会”减少搭乘出租车。许多受访者提出费用太高，希望不要上调过快。

头脑风暴：

请同学们阅读完以后自由提问并解答。

三、探究（Inquiry）

同学们，接下来我们要进行“广州的交通”的探究活动了。请各小组开动自己的脑袋，选择自己感兴趣的活动，一起用数据说话！

1. 活动方案样例（参考“第二章　调查周围的环境”的 2 份关于地震的活动方案）

2. 研究活动记录表

表 1－8　“广州的交通”研究活动记录表

研究记录区			
小组名称		带队（指导）家长	
研究主题			
研究地点			
我们观察、调查、方谈、探究前所提的问题			
我们观察、调查、访谈、探究的过程			
我们的收获或思考			
资料展示区（可用电子文档）			
在参观、采访、调查、探究和思考的过程中，如果你们组拍摄了与主题活动有关的照片，或者查找过相关的资料，请在此粘贴照片或者收集而来的文字资料等，它们将成为你们参加交流展示活动的重要依据和成果			

 四、分享（Sharing）

1. “广州的交通”成果展示方法指引

同学们，完成了“广州的交通”探究活动后，你们一定对广州的交通现状有了更多的了解，感受到了为改善广州交通环境献计献策的重要性和紧迫性。而且，在从阅读走向实践的一系列活动中，在与小伙伴合作调查、外出参观、访谈等过程中，你们已经开始身体力行地分析广州的交通环境，还想把自己在活动中产生的金点子宣传出去，感召更多的人参与你们的行动。

但是，当你们迫不及待地想和大家分享自己的活动成果时，想展开宣传活动时，一定要注意：无论是社会活动家还是科学家，要使他的研究产生影响，必须以最能打动人、说服人的方式向公众宣传，以产生广泛的影响。

建议同学们用下面的方式宣传自己或小组的研究成果：

（1）写活动收获、活动反思，抒发对广州的交通的认识、感想，也可以用文字描述某个印象深刻的活动片段。（全班同学必做）

（2）通过文艺表演或制作环保手工艺品来宣传研究成果。

（3）用宣传海报（或手抄报、电子版报）展示小组研究主题内容或过程。

（4）用特写照片或幻灯片（有家长指导的小组可以尝试这种宣传方式。可以展示整理过的文字、图片，可以展示实物，还可以展示小伙伴合作调查、外出参观、访谈等过程。照片最好配上简短的文字说明）。

（5）能力超强的同学尝试写综合研究报告。

无论如何表现，你们调查研究的实际情况一定要真实明晰地表达出来，相信大家能够做到。研究成果完成后，请以小组形式发到天河魔灯和鸢尾花网站上，与其他人分享。期待你们早日呈现自己的活动成果。

2. 完整成果大亮相

3. 综合实践活动评价表（参考“第二章　调查周围的环境”）

4. 评选小组优秀成员

第五章

诚实守信做真人

生活中存在许多不诚信的现象，同学们留意过吗？社会需要诚信，做人需要诚信。如果我们从小把诚信放在心中，落实到行动上，做诚实守信的真人，那就不仅能弘扬中华美德，而且能让生活和社会变得更和谐、美好。

摸底作业

请写一篇题为《做诚实守信的真人》的文章。

一、引言（Introduction）

《纽约时报》（NewYork Times）曾报道，美国堪萨斯（American Kansas）城郊的一所名叫 Piper 的高中，118 名高二年级学生被要求完成一项生物课作业，其中 28 名学生从互联网上抄袭了一些现成材料。此事被任课女教师 Pelton 发觉，她判定这 28 名学生为剽窃，于是这些学生的生物课得分为零，并面临留级危险。在一些当事人家长的抱怨和反对下，校方要求女教师提高那些学生的得分，这位 27 岁的女教师愤怒辞职。后来，女教师每天都接到十几个支持她或打算聘用她的电话。一些公司还传真给学校索要当事学生的名单，以确保公司今后永远不会录用这些不诚实的学生。

二、阅读（Reading）

“专题阅读”内容：《诚信格言警句精选》《诚信小故事》《中小学生诚信公约》。

诚信格言警句精选

1. 一言既出，驷马难追。 ——中国俗语
2. 人而无信，不知其可也。 ——孔子
3. 言必信，行必果。 ——子路
4. 言不信者，行不果。 ——墨子
5. 对人以诚信，人不欺我；对事以诚信，事无不成。 ——冯玉祥
6. 老老实实最能打动人心。 ——（英）莎士比亚（Shakespeare）
7. 失掉信用的人，在这个世界上已经死了。 ——（英）哈伯特（Hubbert）
8. 遵守诺言就像保卫你的荣誉一样。 ——（法）巴尔扎克（Balzac）
9. 一个人严守诺言，比守卫他的财产更重要。 ——（法）莫里哀（Molhere）
10. 坦白是诚实和勇敢的产物。 ——（美）马克·吐温（Mark Twain）
11. 守信用胜过有名气。 ——（美）罗斯福（Roosevelt）
12. 信用既是无形的力量，也是无形的财富。 ——（日）松下幸之助
13. 信用难得易失。费十年工夫积累的信用往往会由于一时的言行而失掉。 ——（日）池田大作
14. 不要说谎，不要害怕真理。 ——（俄）列夫·托尔斯泰（Leo Tolstoy）
15. 信用就像一面镜子，只要有了裂缝就不能像原来那样连成一片。 ——（瑞士）阿米尔（Aamir）

头脑风暴：

以上关于诚信的格言警句，哪一句可以成为我们的座右铭？为什么？

诚信小故事

（资料来源：http://news.lnd.com.cn/htm/2009-03/15/content_588763.htm）

做生意要讲究诚信，这样才能赢得别人的信任，生活中也是一样，以下是几个有关诚信的小故事，希望能给你启发。

（一）

秦末有个叫季布的人，一向说话算数，信誉非常好，许多人都同他建立起了浓厚的友情。当时甚至流传着这样的谚语：“得黄金百斤，不如得季布一诺。”

（这就是成语“一诺千金”的由来。）

后来，他得罪了汉高祖刘邦，被悬赏捉拿。结果他的旧日朋友不仅没被重金所惑，还冒着灭九族的危险来保护他，使他免遭祸殃。

[一个人诚实有信，自然得道多助，能获得大家的尊重和友谊。反过来，如果贪图一时的安逸或小便宜，而失信于朋友，表面上是得到了“实惠”，但却毁了自己的声誉，而声誉相比于物质是重要得多的东西。所以，为贪图便宜而失信无异于丢掉西瓜捡芝麻，是得不偿失的。]

（二）

《郁离子》中记载了一个因失信而丧生的故事。济阳有个商人过河时船沉了，他抓住一根大麻杆大声呼救。有个渔夫闻声而致。商人急忙喊：“我是济阳最大的富翁，你若能救我，给你 100 两金子”。待被救上岸后，商人却翻脸不认账了。他只给了渔夫 10 两金子。渔夫责怪他不守信，出尔反尔。富翁说：“你一个打鱼的，一生都挣不了几个钱，突然得十两金子还不满足吗?”渔夫只得快快而去。不料想后来那富翁又一次在原地翻船了。有人欲救，那个曾被他骗过的渔夫说：“他就是那个说话不算数的人!”于是，商人淹死了。

[一个人若不守信，便会失去别人对他的信任。一旦他处于困境，便没有人再愿意出手相救。失信于人者，一旦遭难，只有坐以待毙。]

（三）

一个顾客走进一家汽车维修店，自称是某运输公司的汽车司机。“在我的账单上多写点零件，我回公司报销后，有你一份好处。”他对店主说。但店主拒绝了这样的要求。顾客纠缠说：“我的生意不算小，会常来的，你肯定能赚很多钱!”店主告诉他，这事无论如何也不会做。顾客气急败坏地嚷道：“谁都会这么干的，我看你是太傻了。”店主火了，他要那个顾客马上离开，到别处谈这种生意去。这时，顾客露出微笑并满怀敬佩地握住店主的手：“我就是那家运输公司的老板，我一直在寻找一个固定的、信得过的维修店，你还让我到哪里去谈这笔生意呢？”

[面对诱惑，不怦然心动、不为其所惑，虽平淡如行云、质朴如流水，却让人领略到一种山高海深。这是一种闪光的品格——诚信。]

头脑风暴：

（1）第二个故事跟第一、第三个有什么不同？

（2）这三个小故事的结尾有什么共同点？好处在哪里？

中小学生诚信公约

诚实不说谎话，做事实事求是；
犯错勇于承认，知错善于改正；
作业独立完成，考试杜绝作弊；
听从师长教导，待人不欺不诈；
拾物主动交公，借物及时归还；
交往守时守约，承诺言而有信。

头脑风暴：

（1）从这份公约来分析，你觉得“公约”这种文书有什么特点？

（2）你认为诚信公约能帮助中小学生做诚实守信的人吗？为什么？

三、探究（Inquiry）

1. 发现了身边诚信或不诚信的现象，我们该怎样做？请小组拟定活动。

表格请参照“第二章　调查周围的环境”活动方案空白表格。

请思考，本次活动中，我们如何督促自己做一个诚实守信的人，逐渐养成诚实守信的好习惯？建议：可以从自律和他律等方面思考。

2. 如何督促自己做一个诚实守信的人。

请每个人各自写一篇文章，关于如何督促自己做一个诚实守信的人。

四、分享（Sharing）

1. 文章评价表

表 1－9　高级思维能力评价表

一级指标	二级指标	评估标准	权重	自评	他评	师评
分析	区分	能够从任务要求中辨别出重要信息，文章切题	10			
	组织	文章结构完整，过渡自然，主题句明显	10			
	归属	经过分析得出清晰、明白的观点（论点）	15			

续上表

一级指标	二级指标	评估标准	权重	自评	他评	师评
评价	核查	文章经过核查。如，无错别字、病句，无缺漏，无逻辑错误	10			
	评判	体现出较为深入的思考，富有洞察力	15			
创造	生成	至少能联想到一个例子来证明观点	10			
	计划	写作时有计划，论点合理，语言准确、严密，能引用相关资料有力地证明论点，行文有一定的逻辑顺序	10			
	产生	蕴含原创性，具有说服力	20			
作品题目						
作者信息						

2. 完整成果大亮相

3. 结课作业

学完本课程之后，你一定对“诚信”有了更多的认识，更深刻的体会。请认真修改你以前写的《做诚实守信的真人》，再发到这里。期待你本文的水平更上层楼！

4. 评选诚信小标兵

请根据大家在本次学习活动中的表现，推荐自己心目中的诚信小标兵。谢谢！

第六章

生活中的规则

放眼社会，规则无处不在。

生活中为什么存在规则？人们都遵守身边的规则吗？学生可不可以制定规则？

……

让我们一起走近规则，探究它们的奥秘。

一、引言（Introduction）

同学们，你们爱读故事吗？《生活中的规则》这门课程为大家准备了几个意想不到的奇怪故事！比如，“汤姆好不容易才钓到一条从未见过的大鲈鱼，爸爸却严肃地说：‘孩子，你必须把这条鱼放掉！’”“一位去德国留学的大学生从一所名牌大学毕业了，学业成绩非常优秀，却没有公司愿意雇佣他。”“老鼠比黄牛先到达比赛目的地，虎大王却宣布：‘黄牛赢了！’”

咦，到底是怎么回事呢？

二、阅读（Reading）

“专题阅读”内容：《你必须把这条鱼放掉！》《三次逃票》《黄牛赢了》。

你必须把这条鱼放掉！

夜幕初垂，一轮明月从湖面上慢慢升起。汤姆和爸爸摇着小船来到湖中小岛上钓鱼。

汤姆把鱼饵套上鱼钩，然后甩起鱼竿，把钓线抛向远处。鱼饵划破水面，沉入水中，湖面泛起一圈圈银色的涟漪。

湖面渐渐恢复了平静。突然，汤姆觉察到水下有动静，鱼竿弯成了弧形。汤姆一阵惊喜，一定有大家伙上钩了！爸爸在一旁微笑着，投来赞赏的目光。

汤姆小心翼翼地把鱼竿拖出水面。哇！一条他从未见过的大鲈鱼！

汤姆急忙把大鲈鱼提到岸上。这时，耳边传来爸爸低沉的声音：

"孩子，你必须把这条鱼放掉！"

"为什么？"汤姆很不情愿地嚷起来。

爸爸指指手表："现在是晚上10点——离允许钓鲈鱼的季节还有两个小时。"

汤姆朝湖的四周看看，月光下没有渔舟，也没有钓客。汤姆说："放心吧，爸爸，没有人看见我们，也没有人知道我们在这个时候钓到了鲈鱼。"

"不管有没有别人看见，我们都应该遵守规定。"

从爸爸斩钉截铁的口气看来，汤姆知道已经没有丝毫商量的余地了。他只好慢吞吞地从大鲈鱼的嘴唇上取下鱼钩，把鱼放回水中。

大鲈鱼摆动着强劲有力的身子游向湖心。汤姆叹了口气，心想：我这辈子再也钓不到这么大的鱼了。

真的，从那以后，汤姆再也没有钓到过那么大的鱼。可是那晚的情景却一直铭刻在他的记忆里，爸爸坚定的话语也一直回响在他的耳边。

三次逃票

十几年前，有一个小伙子刚毕业就去了德国，开始了半工半读的留学生活。渐渐地，他发现当地的公共交通系统的售票处都是开放的，不设检票口，也没有检票员，甚至连随机性的抽查都非常少。这位中国留学生发现了这个管理上的漏洞，或者说以他的思维方式看来是漏洞。他很乐意不用买票而坐车到处溜达，在留学的几年期间，他一共因逃票被抓了三次。

毕业时，名牌大学的金字招牌和优秀的学业成绩让他充满自信，准备在当地寻找工作。

他向许多跨国大公司投了自己的资料，因为他知道这些公司都在积极地开发亚洲及太平洋地区市场，可都被拒绝了，一次次的失败，使他愤怒。

他认为一定是这些公司有种族歧视的倾向，排斥中国人。

最后一次，他冲进了人力资源部经理的办公室，要求经理对于不予录用他给出一个合理的理由。

经理：先生，我们并不是歧视你，相反，我们很重视你。因为我们公司一直在开发中国市场，我们需要一些优秀的本土人才来协助我们完成这个工作，所以你一来求职的时候，我们对你的教育背景和学术水平很感兴趣，老实说，从工作能力上，你就是我们所要找的人。

中国留学生：那为什么不收天下英才为贵公司所用？

经理：因为我们查了你的信用记录，发现你有三次乘公车逃票被处罚的记录。

中国留学生：我不否认这个。但为了这点小事，你们就放弃了一个多次在学报上发表过论文的人才？

经理：小事？我们并不认为这是小事。我们注意到，第一次逃票是在你来我们国家后的第一个星期，检查人员相信了你的解释，因为你说自己还不熟悉自助售票系统，只是给你补了票。但在这之后，你又逃票两次。

中国留学生：那时刚好我口袋中没有零钱。

经理：不、不，先生。我不同意你这种解释，你在怀疑我的智商。我相信在被查获前，你可能有数百次逃票的经历。

中国留学生：那也罪不至死吧？干吗那么认真？以后改还不行？

经理：不、不，先生。此事证明了两点：一、你不尊重规则，不仅如此，你擅于发现规则中的漏洞并恶意使用；二、你不值得信任，而我们公司的许多工作的进行是必须依靠信任进行的，因为如果你负责了某个地区的市场开发，公司将赋予你许多职权。为了节约成本，我们没有办法设置复杂的监督机构，正如我们的公共交通系统一样。所以我们没有办法雇佣你。可以确切地说，在这个国家甚至整个欧盟，你可能找不到雇佣你的公司了。

黄牛赢了

虎大王的府邸需要一名守卫，虎大王决定采取公开招聘的办法确定守卫由谁来当。

有关招聘的通知发出以后，动物纷纷报名。经过层层筛选，黄牛、狐狸、老鼠胜出，进入最后的选拔程序。这三名动物都身手不凡，各有所长。黄牛力大无穷，且忠心耿耿；狐狸聪明绝顶，行动敏捷；老鼠十分机警，并善于打洞。总之，三位都是动物中的佼佼者，谁都有能力胜任守卫一职。然而，守卫的名额只有一个，只能采取公平竞争的方式进行淘汰。

最后的选拔采取现场比赛的办法。比赛的内容是三名竞聘者从山底出发奔向

山顶那棵老松树，要求沿着山间那条羊肠小道奔向目标。这条羊肠小道弯弯曲曲，是老弱病残者常走的道。

比赛开始了。狐狸沿着羊肠小道飞奔一阵后，心想，我能找到一百条通向山顶老松树的路，哪条路都比那条羊肠小道近。它向四周望了望，没有看到其他动物，于是，它迅速离开羊肠小道，沿着一条捷径奔向山顶。老鼠沿着羊肠小道跑了一阵后，心想，傻瓜才按规定的路线跑呢。它很熟练地钻进路旁的一个地洞，这洞直通山顶。黄牛则不然，黄牛也能找到通往山顶的捷径，但它想，比赛规定是沿羊肠小道奔向山顶，如果走捷径那就是欺诈行为，而黄牛的处世原则是不欺诈。这个原则，黄牛在任何时候都不会放弃。

老鼠第一个到达老松树下，它的脸上露出得意的微笑，好像是在说，瞧，我赢了。狐狸第二个到达目的地，它看到老鼠先到了，脸上露出不服气的神情。黄牛最后一个到达山顶，它看了看先到的老鼠和狐狸，心里很平静，它早已料到了这一结果。

虎大王早已等候在山顶。三名动物到达山顶后，它宣布比赛结果：黄牛胜利了，守卫一职由黄牛担当。

大家对此结果感到莫名其妙。

明明是黄牛落在后面，怎么能认定它赢了呢？

老鼠、狐狸都表示不服，在虎大王面前要讨个说法。

只见虎大王不紧不慢地说，这次比赛是规则测试，考的是谁能遵守规则，规则比速度更重要，你们懂吗？

闻听此言，大家如梦方醒。

三、探究（Inquiry）

生活中处处有规则，小伙伴们对这些规则是否抱有好奇的态度呢？请各小组任选下一表格进行集体探究，看哪一组最有心得！

1. 各类活动过程记录表格（空白表）

表 1－10 “生活中的规则”综合实践活动小组活动方案

学校________________ 班级____________________

小组活动主题：
小组名称：
活动时间：
活动地点：
活动目标：
活动方法：
活动步骤及分工：
预期成果及成果形式：

表 1－11 “生活中的规则”观察活动记录表

学校__________ 班级__________ 组别__________

观察记录区	
观察时间	
观察人员	
观察地点	
违反规则现象描述	
我们的观察分析	
资料展示区	

表 1－12 “生活中的规则”访谈活动记录表

学校__________ 班级__________ 组别__________

访谈记录区	
访谈时间	
访谈人员	
访谈对象	
访谈地点	
访谈问答记录	
访谈结果分析	
资料展示区	

四、分享（Sharing）

1. 完整成果大亮相
2. 多元评价总表

表1－13　多元评价总表

学校____________　班级____________　姓名____________

<table>
<tr><td>姓名</td><td></td><td>我的小组</td><td></td><td>指导教师</td><td colspan="3"></td></tr>
<tr><td rowspan="2">评价主体</td><td colspan="3" rowspan="2">评价要点</td><td colspan="4">评价等级（打√）</td></tr>
<tr><td>好</td><td>较好</td><td>一般</td><td>需努力</td></tr>
<tr><td rowspan="5">学生自评</td><td colspan="3">（1）积极参加阅读、探究、分享等活动</td><td></td><td></td><td></td><td></td></tr>
<tr><td colspan="3">（2）会用多种方法搜集、处理信息</td><td></td><td></td><td></td><td></td></tr>
<tr><td colspan="3">（3）重视合作，努力完成自己承担的任务</td><td></td><td></td><td></td><td></td></tr>
<tr><td colspan="3">（4）本次活动的收获</td><td></td><td></td><td></td><td></td></tr>
<tr><td colspan="3">想说的话：</td><td></td><td></td><td></td><td></td></tr>
<tr><td rowspan="3">组员评价</td><td colspan="3">（1）按计划参加小组的每一次活动</td><td></td><td></td><td></td><td></td></tr>
<tr><td colspan="3">（2）在各阶段活动中与小组成员愉快地分工合作</td><td></td><td></td><td></td><td></td></tr>
<tr><td colspan="3">想说的话：</td><td></td><td></td><td></td><td></td></tr>
<tr><td rowspan="4">家长评价</td><td colspan="3">（1）孩子对活动感兴趣</td><td></td><td></td><td></td><td></td></tr>
<tr><td colspan="3">（2）孩子的知识面拓宽了，综合运用知识能力得到提高</td><td></td><td></td><td></td><td></td></tr>
<tr><td colspan="3">（3）孩子的探究、创新意识得到增强</td><td></td><td></td><td></td><td></td></tr>
<tr><td colspan="3">想说的话：</td><td></td><td></td><td></td><td></td></tr>
<tr><td rowspan="4">教师评价</td><td colspan="3">（1）学生能主动发现问题，提出问题，寻求解决问题的方法</td><td></td><td></td><td></td><td></td></tr>
<tr><td colspan="3">（2）学生乐于合作、勤于实践、善于反思</td><td></td><td></td><td></td><td></td></tr>
<tr><td colspan="3">（3）学生的主体性得到一定发挥，高级思维有所产生</td><td></td><td></td><td></td><td></td></tr>
<tr><td colspan="3">想说的话：</td><td></td><td></td><td></td><td></td></tr>
</table>

3. 评选小组优秀成员

亲爱的同学们，到了评选小组优秀成员的时候了，请根据自己的观察、参与和了解情况，评选出你心目中的优秀组员吧！

第七章

与广告亲密接触

日常生活中，广告如影随形。你认真观察过吗？搜集整理过吗？品头论足过吗？动手设计过吗？来吧，让我们与广告亲密接触一回！

1. 摸底作业

请为自己的家乡或学校设计一条广告。

2. 热身活动：你在哪儿看到过广告

同学们，快来分享一下：生活中的广告无处不在，你见过哪些广告？涓涓细流汇成江河——你的贡献很重要。谢谢！

一、引言（Introduction）

传说唐朝时，长安（今西安）一位姓钟的刀铺老板不识字，不会写广告，就画了一把刀斩断一根铁索的图画，贴在店门口，吸引了许多好奇的顾客，生意一下子兴隆起来。哈哈，这就是最早的图画广告。当你走在大街上，听到一边的店小伙吆喝："15 元大甩卖！全部衣服 15 元一件！"你是不是有进店瞧一瞧的冲动？看来，声音广告的力量也不容小觑。

二、阅读（Reading）

"专题阅读"内容：《楼宇创意广告》《国内外经典广告词》。

楼宇创意广告

（资料来源：http://www. thjy. org/lishudong/Article/633983686789843750. aspx）

在世界各地，有很多别出心裁、独具一格的楼宇广告。这些广告绝对是精品，绝妙的创意和构思打造了一个又一个的视觉盛宴。

印度（India）的Anando牛奶想要增加儿童群体牛奶消费，因此，麦肯-埃里克森广告公司（McCann Erikson Agency）在孟买（Mumbai）的一座建筑物上做出了如此富有创意的广告。广告中，一个孩子由于喝牛奶，茁壮成长，力气大到能把这个建筑物的一部分推着往前移动，见图1-16。

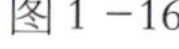

图1-16

图1-17

耐克的“穿墙”广告横跨两个建筑物：第一个建筑物的墙上有个人在跑步的缺口形体，第二个建筑的墙上则是一个实际正穿着耐克鞋在跑步的人的形象。让人感觉好像此人穿墙而过，见图1-17。

为了证明潘婷宣称的“真正强大起来的头发”，三场长发公主风格的特技表演在多伦多市（Toronto City）中心举行了两天，而男性登山者则沿着三个超大型的马尾辫攀爬到顶端，见图1-18。

图1－18

头脑风暴：

这些楼宇广告的创意体现在哪里？能起到什么作用？

国内外经典广告语

1. 海尔：海尔，中国造
2. 中国联通：让一切自由联通
3. 张裕葡萄酒：百年张裕，传奇品质
4. 新飞冰箱：新飞广告做得好，不如新飞冰箱好
5. 农夫山泉：农夫山泉有点甜
6. 李宁：一切皆有可能！
7. 山叶钢琴：学琴的孩子不会变坏
8. 雀巢咖啡：味道好极了
9. 德芙巧克力：牛奶香浓，丝般感受
10. 百事可乐：新一代的选择
11. 大众甲壳虫汽车：想想还是小的好
12. 耐克：just do it（要做就做）
13. 人头马 XO：人头马一开，好事自然来

头脑风暴：

为什么这些广告语能闻名于世？（每个同学可以选3条来点评。）

“专题阅读二”内容：《虚假广告“入侵”微博坑害消费者》《广告代言人》。

虚假广告“入侵”微博坑害消费者

（资料来源：http://www.cnr.cn/gundong/201208/t20120821_510651823.shtml）

虚假广告“入侵”，微博乱象调查

伴随着微博的兴起与火热，一些不法经营者开始利用微博大肆发布虚假广告。今年以来，济南市工商部门已受理38件涉及微博虚假宣传引发的投诉，查处8起虚假宣传案件。

业内人士透露，拥有众多“粉丝”的知名微博正成为商家重点“公关”的对象，明码标价、按条收费已成为知名微博开展广告营销的“潜规则”。专家指出，微博运营方应加强对微博发送商业广告的管理，而知名微博博主更应洁身自爱，同时广大消费者也需擦亮眼睛。

虚假广告“入侵”微博坑害消费者案例

济南市民陆平在网上注册了个人微博，最近他发现自己的微博上多了一位特殊的关注者。奇怪的是，这位关注者从不更新个人生活动态，却总是在不断分享各类商品的低价团购信息，每次都要转发给很多人。

近日，陆平看到这位关注者通过微博发布的一条“折扣价团购正品名牌男装”消息，觉得挺划算，就通过网络汇款买了一套休闲男装。但没穿几天，衣服就出现内衬开线、裤腿变形等问题。再联系当初的团购网站，对方称质量问题应由厂家负责，而宣传的微博也已被运营方关停，近500元钱打了水漂。

记者在多个微博平台上看到，以减肥药为代表的保健品和以服装、首饰为代表的时尚消费，是微博上虚假宣传的常见对象，且主要瞄准年轻消费群体。发布方式主要为利用微博账号发布广告后@关注人群，或是在微博评论，尤其是在一些知名人士微博的评论上加入广告。

记者在姚晨微博的评论页面上看到，尽管页面上已有提示：“为了避免骚扰，微博智能反垃圾系统会过滤掉部分广告用户”，但她的多条微博下都有大量包含广告内容的评论，其中主要是淘宝店铺。

很多网友也纷纷对微博发布虚假广告予以谴责。有网友说：“你只要敢发微博，那些做广告的就敢找上你。无论是@你，还是直接在你的评论上加广告。”

知名微博发广告明码标价成“潜规则”

记者调查发现，知名微博由于“粉丝”数量众多，正成为商家和各类“网络公关公司”追捧的对象。知名微博只需发送含有广告内容的信息，就能直接获得商家或各类“网络公关公司”的酬劳，广告价格随着微博粉丝的数量和质量水涨船高，知名的微博账户发送一次广告的酬劳可达500元至2000元，同时粉丝的转发数量还另外计费。

济南大学生周蕙就曾上过此类知名微博虚假广告的当。周蕙经常关注一个拥有十几万粉丝的美体塑形微博，上面发布的各类健身减肥心得质量颇高。周蕙在这个微博上看到一则评论，称一家网站销售的一款减肥产品“效果不错”。出于对这个权威微博的信任，她网购了这款减肥药，使用一个月后却出现心跳加快、失眠等不适症状。她查询后才发现，这款所谓的减肥药用的是普通食品的批号，根本不具备“减肥”等保健功能。

济南市工商局网络商品交易监管办公室主任王克介绍，由于微博用户都会根据自身习惯选择关注的对象，因此知名微博往往成为特定消费领域的网上权威，商家一般会选择同商品相关的知名微博进行合作。在高额经济利益的驱使下，很多博主不对广告内容进行审核验证，甚至会在明知质量不佳的情况下，不负责任地发布虚假广告，为假劣商品造势。

微博广告亟待加强监管

据王克介绍，从查处的虚假广告宣传案件情况看，为逃避微博运营方管理，虚假广告常常以博主亲身验证或身边实例的形式，进行隐蔽宣传。同时，为提高假劣商品的可信度，很多微博会以“官方合作活动”“团购活动”等为幌子，打出超低价格吸引消费者。

山东省消费者协会法律支持中心副主任王致远认为，当前虚假广告大肆“入侵”微博已呈现愈演愈烈之势，微博的管理方应加强对微博发送商业广告的管理，严把准入关，并加强对虚假垃圾广告的过滤手段建设。同时，广大网友对发现存在违法广告嫌疑的微博，可以直接向微博运营方举报。

专家指出，广大微博博主特别是拥有广泛号召力的知名微博博主，应加强自我约束，不应拿广大“粉丝”对其的信任当赚钱的工具，自觉主动抵制虚假广告经济利益的侵蚀，不转发虚假广告，还微博一片“绿地”。

王克建议，消费者通过微博广告购买商品，应首先核实直接交易对象的身份，注意查验网店营业执照等相关证照。同时，应使用“支付宝”等第三方支付平台付款，以保障个人的合法权益。

工商部门提醒广大消费者，对于保健品，消费者可通过相关部门的官方网站，查询产品的“健字号”、生产许可证号；在网购服装时，要仔细查看卖家提供的商品吊牌图片，以防买到“傍名牌”商品。

头脑风暴：

1. 你或家人在生活中发现过虚假广告吗？有的话请举例说明。

2. 微博为什么成了虚假广告的“重灾区”？你能谈几点理由吗？

广告代言人

（资料来源：http://www.thjy.org/xiangnaier/Article/633790981734687500.aspx）

宝宝最喜欢的电视是动画片《喜羊羊和灰太狼》，除此之外，她最喜欢看的就是电视广告，是家里常用物品的广告。

渐渐的，我觉得她就像一个广告代言人一样，还说一些很搞笑的广告词。

看见蚊子的时候，她说：不怕，有蚊，有超威！

喝奶的时候，她说：妈妈信赖多美滋。

洗完澡上来，她说：帮宝适，好舒适。

洗衣服的时候，她说：有汰渍，没污渍。

妈妈洗脸出来，她说：OLAY搽面面，拍拍。

……

头脑风暴：

1. 从这篇日记可以看出，广告已经渗透到现代生活的方方面面。你会根据广告宣传来购物吗？为什么？

2. 日记中的宝宝似乎成了“广告代言人”，你对这一现象有何看法？

三、探究（Inquiry）

1. 怎样与广告亲密接触

想想看，我们开展哪些活动才能与广告亲密接触？（活动表格请参照“第二章　调查周围的环境”小组活动方案空白表）

2. 大比拼：为自己的家乡、学校设计广告

学以致用是最美好的事情。让我们运用在课程上学到的知识，为自己的家乡和学校做做广告吧！当然，有能力的话，你还可以为自己做广告！

小指引：

家乡可宣传的方面：水果、特色小吃、山水、古迹、建筑……

学校可宣传的方面：办学理念、办学特色、社会声誉、环境、校徽、校服、其他值得宣传推广之处……

四、分享（Sharing）

1. 广告设计作品评价表

表 1－14　基于广告设计的高级思维能力评价表

一级指标	二级指标	评估标准	权重	自评	他评	师评
分析	区分	能够从任务要求中辨别出重要信息，广告设计切题	10			
	组织	广告结构完整，有内在一致的关系	10			
	归属	突出主题，符合广告目标群体	15			
评价	核查	广告语经过核查。如，无错别字、病句，无缺漏，无逻辑错误	10			
	评判	体现出较为深入的思考，蕴含深意	15			
创造	生成	依据任务要求发散思维，进行相关联想	10			
	计划	创作时有计划，充分考虑到广告语的精炼、创意和思想内涵，甚至能借助音乐、图画、表演等加以表现	10			
	产生	蕴含原创性、独特性和新颖性，具有冲击力和号召力	20			
作品题目						
作者信息						

2. 小评论分享：我眼中的广告

同学们，通过本课程的学习，你一定对广告有了深层次的认识和评价，请写出来和大家分享。谢谢！

3. 评选优秀学员

请根据大家在课程上的学习表现，推荐自己心目中的优秀学员。谢谢！

第八章

生活垃圾分类探究

在《机器人总动员》（WALL·E）里，人类可以乘坐巨大的宇宙飞船飞离地球，剩下一个地球废品分装员，每日循环往复地处理着堆积如摩天大楼般的人类垃圾。现实中，单单中国城市生活垃圾累积堆存量已达 70 亿吨，占地约 80 多万亩，近年来又以平均每年 4.8% 的速度持续增长。全国 600 多座城市，除县城外，已有三分之二的大中城市陷入垃圾的包围之中，且有四分之一的城市已没有合适场所堆放垃圾。（文字来源：http://green.sohu.com/s2012/refuse-incineration/）

为什么会产生这么多的城市生活垃圾？为什么很多人知道被垃圾围城了还不把生活垃圾分类处理？作为社会的小公民，我们能做些什么？学完本课程之后，你一定能深入思考、有所行动。

1. 摸底作业

请写一篇关于“中国的垃圾分类为什么这么难？”的小评论。

2. 热身活动：说一说你所知道的垃圾分类知识

请说一说你所知道的垃圾分类知识，越多越好。

一、引言（Introduction）

自 2000 年起，南京就被列入全国垃圾分类 8 大试点城市，但从未真正实行生活垃圾分类处理——扔的不分类、收的不分类、处理的也不分类。像南京这样实施了多年垃圾分类的全国文明城市尚且如此，就不要奢望其他城市能比南京更好了，再考虑到北京六里屯事件等环境问题，可以说，中国所有的城市都面临着被垃圾包围的危险。（资料来源：http://blog.163.com/raystar2012@126/blog/

static/104895862200911301011114355/)

同学们，看了以上报道，你们是否思考过这个问题：在中国推行垃圾分类，为什么就这么难?

二、阅读（Reading）

"专题阅读一"内容：《垃圾岂能"假装在分类"》《为什么没有将垃圾分类投放到小区?》《替中国人争光的"台湾"垃圾分类》《在日本，一个瓶子丢弃需要几个步骤?》。

垃圾岂能"假装在分类"

（资料来源：http://www.chinadaily.com.cn/hqgj/jryw/2013-11-01/content_10475012.html#blz-insite）

在领导视察垃圾分类前，慌忙往垃圾桶内塞垃圾；领导走后，摆放的垃圾桶立即减半，这是前天广州市政协视察组视察全市生活垃圾分类时，记者在滨江东综合市场发现的情况。在江湾社区、涛景社区、大元帅府小学、海珠区政府等其他地方，视察组也遭遇不少"尴尬"。

现在很多小区都设置了分类垃圾桶，但不知道有多少小区和市政协视察组所遇到的情况一样。倘若像滨江东综合市场那样，在领导视察面前假装分类，这种分类又有何意义?"假分类"不但是对公共资源的浪费，对推广垃圾分类也会产生反面作用。

不可否认，做好垃圾分类，要靠市民的自觉，眼下离自觉分类似乎还有一段距离。但"玉不琢，不成器；人不学，不知义"，要市民养成垃圾分类的习惯，一方面需要官方的宣传、引导，另一方面也需要试点的小区、市场管理者能率先做好垃圾分类的榜样，如果连综合市场的工作人员都抱着走过场、做做样子的态度，觉得分不分类无所谓，摆几个垃圾桶就是垃圾分类，那么又如何引导市场的商户进行垃圾分类?

政协视察组的视察暴露了当下广州在推广垃圾分类中遇到的问题，而且据广州市城管委相关负责人透露，这种"假分类"的问题相当普遍。此外，2013 年广州启动垃圾计量收费试点，试行新的垃圾收费模式，多扔垃圾将多收费，如果"假分类"的情况不解决，也将影响到计量收费的公平公正性。因而，如何杜绝垃圾分类中的假分类、走过场，必须引起重视。

首先，不妨反问一下，市民的“假分类”是否和垃圾桶数量不够、设置不合理有关？像滨江东综合市场那样，视察组一走，分类垃圾桶就“蒸发”不见了，这种应付分类的形式主义做法必须问责。

其次，如果垃圾回收时都是一股脑儿打包运走，居民再怎么分类，作用也等同于零，最终也会打击市民垃圾分类的热情。所以如何在终端做到严格分类，决定着市民分类的积极性和效果。

最后，广州有不少地方试行以奖励带动市民垃圾分类，像鱼珠街凭借30次准确投放累积的积分可领取10元的超市购物券。但光奖励还不够，可以效仿日本、巴西等国家“拒收混合垃圾”的做法，来强力推行垃圾分类。

头脑风暴：

本报道提到了垃圾“假装在分类”的情况，是不是政府花钱多配置点垃圾桶，就可以解决问题了？为什么？

为什么没有将垃圾分类投放到小区？

（资料来源：http://www.sojump.com/report/2435375.aspx）

这是“垃圾分类为什么这么难”调查问卷中的第六条问题，先认真阅读，再和同学们分享你的观点。

第6题：是什么原因导致了你们家庭成员，没有将垃圾分类投放到小区相应垃圾桶里呢？［多选题］

选项	小计	比例
我知道垃圾分类是好习惯，但是垃圾分类太麻烦	9	75%
不知道怎么分类	3	25%
虽然有宣传，但是对于某些垃圾还是不知道该放在哪一类	6	50%
分类了我也享不到好处	1	8.33%
分类成本太高［每天要准备好几个垃圾袋］	5	41.67%
不想在家里放太多垃圾桶［如果分成四种垃圾，就需要四个垃圾桶，占地方］	5	41.67%
别人也没有分类	3	25%
小区里没有分类垃圾桶	7	58.33%
根本不知道垃圾分类对社会的好处	1	8.33%
其他［详细］	0	0%
本题有效填写人次	12	

图1－19　垃圾分类调查

头脑风暴：

你觉得还存在图1－19“垃圾分类调查”没有写出的原因吗？会是什么？请结合你的生活经验加以分析。

替中国人争光的“台湾”垃圾分类

（资料来源：http://blog. sina. com. cn/s/blog_5517197d01007m3y. html）

近日接待了几位来台湾讲学的朋友，他们一早来家拜访时，恰是我们小区在回收垃圾。几位皆是大陆名校名教授的友人们，绕着小区内几个回收不同垃圾的垃圾桶啧啧称奇，直说：“台湾垃圾分类做得实在太精细了！”

图 1 －20

（图片来源：千图网）

的确，台湾的垃圾分类做得真的非常的精细，像塑料瓶、玻璃、纸类，甚至干净和污脏的塑料袋都分不同的垃圾筒，以及厨余都分成养猪厨余跟堆肥厨余两种不同的回收垃圾桶，每个桶子上都还附有详细的说明告示，不像大陆通常只粗略地分成“可回收”和“不可回收”两种。目前台湾全岛垃圾回收率已高达 56%，超越美、英等先进国家，台湾垃圾回收及减量的推动经验受到全球瞩目，美国华盛顿邮报（The Washington Post）及读者文摘皆专题报道台湾回收成效，许多国家更派专员到台湾进行经验交流，因为“台湾”不但很会回收，还会开发将回收物制成成品的技术，如将盛装饮料的宝特瓶，回收制成衣服；将垃圾焚化的底渣再利用，回收铁及非铁金属、电子产品再利用，把“垃圾变黄金”。

但这些成效并非一蹴而就，而是历经了宣传劝导、强制规定处罚，到民众养成分类及减量制造垃圾的好习惯，逐步达到“全分类、零废弃”资源循环再利用，如二手服装、家具再利用的优质环保生活。

台湾的垃圾分类是早在十多年前就开始宣传，宣传的方式除了利用媒体宣传外，还将其列入学校教育里，但效果却不彰。直自 2006 年起先由 10 县市（基隆市、台北市、新竹市、台中市、嘉义市、台南市、高雄市、宜兰县、台中县及高雄县）全面实施垃圾强制分类，就是针对机关、学校、小区及随垃圾车行走路线沿线稽查，一旦发现有民众丢弃的垃圾，有不合乎垃圾分类的，先是予以劝导让其做好分类，若下次再犯就要被开罚单，罚款为1200～6000台币。这些被开单的多数是在吃完饭盒后，未将厨余与饭盒做分类回收，而通通丢到一般垃圾中的人。

而一开始的垃圾分类也只是简单地分为3类，就是一般垃圾、厨余与可做资源回收的垃圾。在实施分类后，发现成效不错，一般垃圾减少1成，厨余增加6成，资源回收增加3成。

台湾在推动垃圾强制分类，同步推动一般废弃物源头管理措施，如限制产品过度包装、政府机关与学校餐厅内用餐禁用免洗餐具、限制塑料类生鲜托盘及包装、政府机关与学校纸杯减量等相关措施，后来推动“垃圾费随袋征收”，也就是要丢取的垃圾必须装在需花钱购买的垃圾袋里，“强迫”民众为了达到省钱目的。另外还着重孩子的在校教育，让小孩子都成为资源分类高手，担任起教导家长们做好资源回收的“种子部队”。

头脑风暴：

请对比文中提到的台湾经验，客观地分析我们中国大陆推行垃圾分类工作困难的原因。

在日本，一个瓶子丢弃需要几个步骤？

（资料来源：http://video. sina. com. cn/v/b/119998008 －2233686402. html）

在日本，喝一个饮料很容易，但丢弃一个饮料瓶子可就不那么简单了。

这个黑色粗线循环三角标志的下面有“PET”字样，这告诉我们瓶子属于塑料类再生资源，旁边右上角的小循环标志下面标有日文假名“キャップ、ラベル”意为瓶盖，标签也属塑料类，见图1－22。

图1－21

图1－22

看见这个瓶子的标签上的两道缝纫线孔了吗？它告诉我们从这里撕开标签，见图 1－23。

看完了这些标识，那么，我来告诉你，一个饮料瓶子的处理需要以下五个步骤：

1. 喝光或倒光。

2. 简单水洗。

3. 去掉瓶盖，撕掉标签。

4. 踩扁。

5. 根据各地的垃圾收集规定在“资源垃圾”日拿到指定地点，或者丢到商场或方便店设置的塑料瓶回收箱。

图 1－23

图 1－24

在日本，人们不会拿着瓶子满街丢弃，通常他们会在自动售货机旁边把水喝完，瓶子就地处理，见图 1－24。很多自动售水机旁边就有水龙头可以清洗瓶子。

头脑风暴：

1. 你认为日本人不会拿着瓶子满街丢弃的原因是什么？

2. 步骤 3、4 是不是多此一举？为什么？

三、探究（Inquiry）

1. 相关视频推荐

垃圾分类宣传片（http://video.sina.com.cn/v/b/119998008－2233686402.html）。

2. 生活垃圾分类难，“难”体现在哪里？为什么难？怎样做才有可能解决生活垃圾分类的“难”？

3. 请各小组各自整理出一份方案，来阐明自己的观点。（可上网搜集资料）

四、 分享（Sharing）

1. 高级思维能力评价表

表1－15　高级思维能力评价表

一级指标	二级指标	评估标准	权重	自评	他评	师评
分析	区分	能够从任务要求中辨别出重要信息，文章切题	10			
	组织	文章结构完整，过渡自然，主题句明显	10			
	归属	经过分析得出清晰、明白的观点（论点）	15			
评价	核查	文章经过核查。如，无错别字、病句，无缺漏，无逻辑错误	10			
	评判	体现出较为深入的思考，富有洞察力	15			
创造	生成	至少能联想到一个例子来证明观点	10			
	计划	写作时有计划，论点合理，语言准确、严密，能引用相关资料有力地证明论点，行文有一定的逻辑顺序	10			
	产生	蕴含原创性，具有说服力	20			
作品题目						
作者信息						

2. 我们的创作天地

同学们，经过本课程的学习，大家受益匪浅。现在，到了分享研究收获和个性见解的时候了，快到相应的区域展示自己的思考和创作才华吧！

3. 结课作业

学完本课程之后，你一定对生活垃圾分类有了深刻的认识，对“中国的垃圾分类为什么这么难”问题有自我的解答。请认真修改你的关于“中国的垃圾分类为什么这么难?”的评论文章，再发到这里。期待你文章的水平更上一层楼！

4. 评选优秀学员

重章叠唱请根据大家在课程上的学习表现，推荐自己心目中的优秀学员。谢谢！

案例回眸：秋天的叶子

江　梅

一、前言

2007 年 10 月初至 11 月底，我任教的广州市天河区龙口西小学四年（4）班和江苏省江阴市要塞实验小学五年（6）班“牵手”，凭借“跨地域协作学习之桥”开展了一次令人难忘的“秋天的叶子”综合实践主题活动。

众所周知，新一轮课程改革增设了综合实践活动课程，它是新课程试验的一大亮点，体现了“知识应用于实践”的新课程理念。由于综合实践活动课程内容面向学生的整个生活世界，不同于以往的学科教学，也没有现成的教材，所以，它是一门课程自由度最大、课程空间最广、课程实施最为灵活的课程，也是一门创造性很强的课程，为学生、教师及学校的发展提供了广阔的平台。

依托新课程理念和综合实践活动课程指导纲要，要塞实验小学的包士娟老师首先提出了“秋天的叶子”活动设想。活动开展之前，我考虑这次综合实践活动可以结合语文主题习作“秋天的树叶”来做，两者兼容并蓄。首先，让学生阅读一组有关树叶的文章，激发他们观察树叶的兴趣，在此过程中获得与秋叶有关的文学及科学知识。其次，初步阅读能促使学生走进校园、小区、公园或山野，开展观察探究活动，了解叶子的生长特点和生长环境等情况，记录自己的观察和思考，引发进一步的拓展阅读。有了主题材料的阅读积淀和观察实践的真实感触，学生最后自然会拓宽习作内容，水到渠成地抒发对秋天叶子的热爱之情。与此同时，通过制作叶子标本、用叶子制作玫瑰等手工艺品，学生还能锻炼动手实践能力，提升劳技才能和审美情趣，激发创新思维。

有了开展活动的思路，我和包老师就开始用便捷的 QQ 保持着密切的联系，随时了解对方活动的进展。经过两个月的努力，“秋天的叶子”主题活动顺利结束。回眸“秋天的叶子”综合实践活动案例，其最有特色之处在于我们有条不紊地开展了网上网下协作学习活动，利用不断生成的课程资源走进了跨地域合作的新天地。这片新天地的开创，主要归功于信息化学习情境——“跨地域协作学习之桥”。

二、Blog 阅读之桥

“秋天的叶子”课程资源的建设，开始于学案的设计。由于我们 IRIS 鸢尾花

综合实践活动项目的出发点是“从阅读走向实践”，学科融合特点明显。所以，活动伊始，我仍然把“阅读”作为活动的引子，期待学生在后继活动中有更主动、更深入的阅读。至于“阅读”的文本，以往都是我自己开发。这一次，受到第三代教学设计思想的启发，我想发挥学生的主动性和能动性，让他们和老师一起建构课程。

当我利用Blog发布“秋天的叶子”主题实践活动启示之后，学生搜寻资料、开展观察探究活动的兴趣立刻被激发起来了。本来在班内寡言少语、毫不引人注目的周毅扬反应最快，第一个在网上找到银杏叶和枫叶图片。接着，郭倚彤、伍晓天等同学纷纷把说明树叶特点的科普文章或赞美秋叶的习作、文学作品发给我。聪明的郄岩霖甚至还弄到了一个“秋天的叶子”的视频网站。更让我感叹的是，有两位学生也不甘示弱，把美丽的秋色图贴到了我博客上的留言处（放错了地方）。

浏览完所有“秋天的叶子”的图文资料，我开始精选学生要共同阅读交流的文章，创建课程资源（即鸢尾花学案）。所确定的文章中，温怡玲同学搜寻的《树木到了秋天为什么会落叶》能帮助学生了解树木落叶的科学知识，懂得落叶恰恰是树木的自我保护；组合儿童散文《秋天的叶子》文笔优美，意蕴高远，既陶冶学生的情操，又启示他们如何留住落叶的价值，还可引导学生后继的手工制作活动；科普文章《榕树（节选）》则让孩子们了解这种植物的生长特点及食、药用价值，激发学生研究兴趣的同时，也为他们铺垫活动所需的背景知识。

看到身边同学的名字出现在阅读材料中，孩子们内心激起了欢乐的浪花：原来我们可以和老师一起编教材！学生和老师共同阅读材料，初步培养了一些孩子搜集和处理信息的能力，激活了他们自主选择学习资料进行拓展阅读的意识。意犹未尽的郄岩霖同学后来模仿教师在自己的Blog上发《松树》阅读材料就是一个典型的例证。除他之外，不少同学也自发地把相关资料挂到了自己的Blog上。当时，远在江阴的包老师也在积极寻找、挑选相关资料。我俩发布在IRIS鸢尾花网站的文章主要有以下几篇：《树木到了秋天为什么会落叶》《秋天的叶子》《榕树》，它们较好地实现了阅读材料的互补和共享。

在鸢尾花Blog上，除了图文并茂的主题阅读材料，还有我们依据鸢尾花模型为学生聚焦阅读所设计的引言和问题，甚至包括搭建的各类支架，如“秋天的叶子”探究、分享。这些策略、情境的呈现为学生开展有目的的阅读及有方向的观察、探究、展示活动奠定了基础。

“秋天的叶子”学案设计一定稿，我和包老师便指导学生自主阅读学案中的文章，学会在阅读中获取知识、交流读文感受，也学会在阅读中提出疑问、共同确定小组要研究的问题。孩子们在交流定向阅读感受时，畅所欲言，不乏见地、有新意的回复，给其他同学带来了思想和行动上的启发。例如，杨安哲同学这样答题：读了《树木到了秋天为什么会落叶》，我不会再为树叶的飘落而惋惜。树叶飘落后，与大地融为一体，树木吸收了土壤的养分，又生出新的嫩芽，慢慢长成大大的树叶，就这样重生啦。欧阳葆同学在《秋天的叶子》中提到：小作者把爬墙虎做成“金鱼”，把松柏和野草做成“珊瑚”“水草”，我打算捡一片秋叶，压在纸下，用铅笔涂秋叶上的纸，把秋叶的花纹留下来。

三、Blog分享之桥

两地学生完成“秋天的叶子”学案里面的专题阅读之后，产生了强烈的探究欲望。于是，我和包老师利用学案中的“探究”为学生提供帮助，引导他们走进校园、小区、公园、植物园等地进行实地观察、探究活动。在选择本地有特色树种作为观察对象的基础上，要塞实验小学五年（6）班的学生主要研究了梧桐、银杏、枫树等植物的叶子，我班则重点观察了榕树、丹桂、杨桃的叶子。记得实践活动开展之前，为了激发学生与异地同学交流的兴趣，我曾经问过他们这个问题：“你们可以为江阴的同学做些什么呢?”孩子们讨论之后，纷纷表态：有的准备寻找榕树种子，有的准备画榕树图，有的要为榕树拍照，有的想把榕树的叶子做成书签，完成任务后，再把种子、绘画作品、照片和书签邮寄或拍照传上网络，供五年（6）班学生学习、分享。

学生的话语让我欣喜，也让我联想到综合实践活动的有效实施依赖于课程资源开发的范围和水平，取决于课程资源开发主体的意识和开发策略。所以，我们教师首先要提高资源意识，多思虑开发课程资源的有效途径和策略。“秋天的叶子”活动中，包老师和我是资源开发的核心主体，两地的学生、学校、家长则互为补充，共同构成了活动资源开发的主体群。

在“秋天的叶子”第二阶段的观察、探究活动中，不但自然界的秋叶成了师生开展活动的丰富资源，不少高素质的家长也被孩子参与活动的热情所感染，主动承担起小组外出活动的后勤和顾问工作。家长资源的生成，减轻了指导老师的负担，促进了活动的顺利开展。第八周周一回校，“五朵金花”组马上给了我一个惊喜：他们组的部分家长驱车陪同孩子们到广州植物园了解榕树的知识，采集树叶样本。在那里，学生寻找到了四个榕树品种：高山榕、环榕、美丽枕果榕、细叶榕。实地观察引发了学生更大的求知欲，他们积极从网上下载了高山榕及细叶榕的有关资料来阅读（环榕及枕果榕未查到）。没多久，该组的同学做出了一份精美的电子简报。一位家长在我的博客上阅读了这份作品后，对它给予了

高度的评价：小同学们的杰作超出我的想象！真是一代胜过一代！当时，另一小组"虎头牛尾"也不甘示弱，请家长做指导人员，为活动写寄语。他们展示成果的幻灯片里面包含了组员照片、榕树和叶子图片、用叶子做的艺术品、主题手抄报、榕树资料、观察结论与思考、致江阴同学的问候等。难能可贵的是，这组同学还联系"嫦娥奔月"的盛事，做出3名为"嫦娥奔月"的精致榕树叶子纪念品，彰显了自我的创新能力。

虽然我们的学生都只是在"秋天的叶子"主题活动开始后才接触Blog平台，但是，一经认识，Blog就成了学生们的最爱。他们几乎都在IRIS鸢尾花网站建立了自己的博客，尝试着在博客上分享自己的活动成果和心得。我们两位老师也及时地把小组阅读、探究、手工制作照片及成果展示幻灯片挂上博客，让双方学生在温馨而愉悦的情境中学习、交流。我班的学生观看了五年（6）班的小组作品后，有同学恍然大悟：没有"五个手指"，就不是枫叶！而五年（6）班的孩子不但从我班小组作品中了解了榕树的相关知识，还学习了PPT的制作方法。

四、土豆视频之桥

除了在Blog上及时反馈彼此的活动进展、阶段成果之外，我们还把各自重要的活动拍成录像，上传到土豆网，利用网络呈现两地活动的真实情境。这些情境也是不断生成的课程资源，推动着跨地域协作学习的有效进行。

情境学习理论认为，概念知识是从具有一定情境的知识学习和使用过程中抽取出来的。我和包老师在整个活动过程中都非常重视以真实活动作为学生学习的背景，为学生提供知识背景的同时，让他们在解决问题、合作与交流的过程中了解知识的结构和意义。之后，我们通过信息技术互通有无、生成资源，不但帮助学生了解了两地自然条件、学校文化及人文背景的差异，而且让他们打破时空阻隔，产生天涯咫尺的美好感觉。以下三个视频片断，对本次活动的两地协作学习尤为有帮助：

土豆视频片断一——江阴学生实地观察树叶录像：包老师原本是信息技术教师，她带着学生开展校园观察活动的录像画面清晰，学生的观察活动活泼自然。录像中，他们观察了银杏叶、法国梧桐叶和香樟叶，让我班孩子开了眼界，长了知识。包老师重点拍了看起来很像枫叶，泛着微红的梧桐叶子。它的果实似大龙眼，待那边的孩子们把它踩开，却是毛茸茸的。香樟叶子，从特写镜头里看也是火红的，充满着秋的浓烈气息。

我组织学生观看了土豆视频片断一之后，一位学生写了如下感受：要塞小学的同学主要观察法国梧桐，法国梧桐树上结了果子，小小的，像荔枝一样。"荔枝”剥开来，里面是蒲公英一样的、吹一吹就会飞出绒毛，有趣极了！

土豆视频片断二——广州学生校园观察榕树录像：在南国美丽整洁的龙口西校园里，听说我不熟悉录像机的使用，专门从家里拿来摄像机的郄岩霖同学自告奋勇地当起了小摄影师，像模像样地拍摄起我们观察榕树等植物的活动。孩子们先是围住一棵枝干粗壮且外皮老死的奇特榕树议论起来。接着，他们爬上滑梯近距离观察榕树的须和叶。细心的同学发现一些嫩叶长了虫，并找到一条躺在鲜红塑料滑梯板上，因外形酷似蚕而被学生称之为“蚕”的小虫。观察完榕树后，女孩子们被凝脂般滑嫩的鸡蛋花所吸引，她们异常欣喜地把花儿和榕树须堆在一起，摆出新奇的造型。而喜欢猎奇的男同学，则直奔了生物园。生物园中的一切活动，都被小摄影师收入了稚嫩的、晃动得厉害的镜头。活动之后，从未接触过土豆网的郄岩霖摸索着把录像放上了土豆网。他说，要让五年（6）班的同学第一时间看到榕树、看到我们。

土豆视频片断三——叶子标本的制作过程：2007 年 11 月 6 日，从北京出差回来的吴向东老师给我班学生们带回了银杏叶、枫叶和红栌叶，并且抽空到班上辅导孩子们制作叶子标本。他向学生借了一张面巾纸，教他们如何撕开、对折，把叶子包起来放进书中，用力挤压水分。讲授完方法后，吴老师变魔术般地掏出两袋从北京“扫”回的银杏叶。仔细观察分到学生手中的叶子，叶片不大，像土黄色的微型小扇子。当孩子们开始侍弄着这些稀奇的叶子时，它们又像一只只黄色的小蝴蝶左右翻飞。

要塞实验小学的包老师把土豆视频片断三播放给学生看后，孩子们不但学会了叶子标本制作，还热切盼望会见我班的同学，希望吴老师也去给他们上课！虽然没有得到吴老师的亲自指点，江阴学生依靠便捷的信息化学习条件，领悟了标本的制作方法，做出来的枫叶标本格外精美，见图 1 −25。

图 1 −25　江阴学生寄来的枫叶标本

五、好看簿故事之桥

“秋天的叶子”活动伊始，项目组还在好看簿通过发起“活动”的方式创建课程资源，即通过不同用户创作的相同主题的故事，加入到同一个“活动”。这种方式能够有效地汇集教育教学资源，充分发挥和利用集体的智慧价值。“秋天

植物的变化”活动发起之后，在一周左右的时间内，就获得了来自12个不同用户提供的30个关于不同地区秋天植物变化的故事。浏览完来自全国各地的秋景“数字故事”，两地参加“秋天的叶子”活动的师生开阔了眼界，增长了知识，产生了浓厚的活动兴趣。“秋天的叶子”课程实施后阶段，也即活动成果的展示及交流阶段，我们两位老师学会了把好看簿作为构建信息化学习情境的新工具。在好看簿上，我们用“数字故事”呈现活动过程中的花絮和成果，受到了学生、家长和其他用户的欢迎。

图1－26　从广州寄出的紫荆花、叶

在好看簿上发布的“送给江阴同学的礼物”（图1－26）之一。

数字故事——礼物温暖我们的心（节选）

11月27日，天气突然转寒了，冰冷的西北风呼呼地刮了起来。但是，我们四年（4）班教室里，不但感觉不到一丝寒意，反而因分享江阴要塞实验小学五年（4）班同学寄来的叶子标本等礼物而充盈着洋洋的暖意。

拿着信件，我和孩子们不禁想起了在《寄信啰》视频中所看到的镜头：上个星期六，包老师带着几位同学冒着寒风细雨赶往邮局寄信；五年（6）班的同学在邮局细心地写着地址，还说出了一番情真意切、暖人心窝的话语……彼时的情景，让如今我手中的这三封薄信显得格外珍贵、愈加沉甸甸的了。

打开第一封信，两张绿色的小卡纸跳了出来。一张上面画了简单的两片叶子。另一张写了一封短信，表达了“合作愉快”的想法。看看里面，还藏着几片樟树叶子的标本。原来，它们都是一个叫李子臬的同学的心意。

第二个信封装的居然是七八个福娃贴纸。呵呵，这样时兴又实际的礼物，只有儿童才想得到。

第三封信中的东西实在是丰富，除了短笺，还有各种标本叶子。细心的孩子们在叶柄上用细线系上了小小的纸片，写明自己的姓名和叶子名称：有枫叶、银杏、香樟、紫花……

下课后，嘉滢悄悄告诉我：“老师，我已经给江阴的同学写了信、寄了礼物”。她前面的涵晖跟着表态：“我也准备和妈妈一起去寄信。”

看来，正如我在日记中回复包老师所说的那样：我们联手开展跨地域综合实践活动，让孩子们得到了很大的乐趣和收获。两地师生的“鸿雁传书”，让“写信”这种传统的、几乎被网络时代遗忘的沟通方式在学生心中焕发出了勃勃生机和无限魅力。

六、结束语

“秋天的叶子”主题活动末期，有的学生能有感而发地写小诗赞美秋叶，有些习作文笔隽永，令人眼前一亮。学生习作水平的提高，与他们的主题情境阅读及实践分不开。正如我在《后测反馈——和鸢尾花一起成长（十一）》中提到的那样，“秋天的叶子”后测表明，学生参加活动后的阅读素养、科学素养及交流展示作品的意识和能力都得到了一定程度的提高。在“秋天的叶子”这种跨地域的、开放的、情境性的学习活动中，学生在交流展示部分反馈出的情感态度的变化、各种能力的提升最令人满意。为了让别人（尤其指要塞实验小学的同学）了解自己和小组的观察结果，孩子们已经乐于而且懂得用各种方式去交流展示，也明白整理活动成果及展示的过程，其实是一种锻炼、学习和提高的过程。

综上所述，“秋天的叶子”综合实践活动案例的实施，在综合实践活动课程的资源建设与应用方面做出了有益的探索，拓展了新课程资源开发的视野。本案例资源建设模式中，综合实践活动课程与语文、科学等学科课程形成有机整体，教师、学生、家长及社会人员多方参与，“从阅读走向实践”的阅读、探究及汇报交流活动始终贯穿两地，超越了传统的时空局限。也许，这种利用Blog、土豆、好看簿等社会性软件不断提供协作学习情境，生成两地活动新资源的模式可喻为“架设跨区域协作之桥”。“秋天的叶子”综合实践活动虽已过去，但我们仍然会行走在课堂教学与信息技术创新连接的桥梁上。期望这种协作学习之桥的架设经验能给综合实践活动课程的实施者们带来一定的启示。

“秋天的叶子”主题活动的能力目标陈述：

目标1：习得与秋叶有关的文学及科学知识。

目标2：策划观察、探究秋叶的小组活动方案。

目标3：开展观察探究活动，用表格记录叶子的生长特点和生长环境等情况。

目标4：用习作抒发对秋天叶子的热爱之情。

目标5：制作叶子标本、叶贴画等手工艺品。

目标6：在IRIS网站与协作学校分享成果。

目标7：小组合作汇报活动成果；设法宣传成果。

目标8：开展多元评价活动。

表1－16　基于陈述的目标按分类表对“秋天的叶子”案例的分析

知识维度	认知过程维度					
	记忆	理解	运用	分析	评价	创造
事实性知识	目标1					
概念性知识				目标3		目标4
程序性知识			目标6	目标7之“汇报”		目标2 目标5 目标7之“宣传”
反省认知知识					目标8	

第二篇

开动脑筋，探究科学世界

第九章

生活与科幻

同学们，欢迎来到科学幻想园！几十年前，人们曾畅想“电话”可不可以不要电话线连接，随时随地就能拨打。而现在，无绳电话和手机已司空见惯了。录音电话、可视电话、密码电话等也相继问世。可见，科学幻想往往是科学发明的母亲！这次学习活动，就让我们一起来踏上美妙的想象、创造之旅吧！

一、 引言 （Introduction）

孩子们，过去的20世纪，是呼风唤雨的世纪，因为在这个世纪里，人类的许多幻想都变成了现实。那么，让我们展开想象的翅膀，畅想21世纪的科技发展成就。请想一想，几十年后，我们吃的食物，穿的衣服，住的房子，坐的汽车……是什么样子的？告诉你们一个秘密：老师很小的时候，就猜想世界上会不会有机器人诞生。

可以说，发明功能不同的机器人，是人类过去、现在和未来不断追求的美好梦想。这梦想，已经一步步变为现实了。下面的专题阅读园地里，不光是机器人，还有好多琳琅满目的科技成果等着你们来参观呢！

二、 阅读 （Reading）

“专题阅读一”内容：《呼风唤雨的世纪》《果园机器人》《电脑住宅》。

呼风唤雨的世纪

20 世纪是一个呼风唤雨的世纪。

是谁来呼风唤雨呢？当然是人类；靠什么呼风唤雨？靠的是现代科学技术。在 20 世纪这一百年的时间里，人类利用现代科学技术获得那么多奇迹般的、出乎意料的发现和发明。正是这些发现和发明，使人类的生活大大改观，其改变的程度超过了人类历史上百万年的总和。

人类在 20 世纪前，一直生活在一个依赖自然的农耕社会。那时没有电灯，没有电视、没有收音机，也没有汽车。人们只能在神话中用“千里眼”“顺风耳”和腾云驾雾的神仙，来寄托自己的美好愿望。我们的祖先大概谁也没有料到，在最近的一百年中，他们的那么多幻想纷纷变成了现实。20 世纪的成就，真可以用“忽如一夜春风来，千树万树梨花开”来形容。

20 世纪，人类登上月球，潜入深海，洞察百亿光年外的天体，探索原子核世界的奥秘；20 世纪，电视、程控电话、因特网以及民航飞机、高速火车、远洋船舶等，日益把人类居住的星球变成联系紧密的“地球村”。人类生活得舒适、方便，是过去王公贵族想也不敢想的。科学在改变着人类的精神文化生活，也在改变着人类的物质生活。

1923 年，英国数学家、哲学家伯特兰·罗素（Bertrand Russeu）说：“归根到底，是科学使得我们这个时代不同于以往的任何时代。”八十年后，这段话依然适用。回顾 20 世纪的百年历程，科学的确是在创造着一个又一个神话，科学正在为人类创造着比以往任何时代都要美好的生活。在新的世纪里，现代科学技术必将创造一个又一个奇迹，不断改善我们的生活。

头脑风暴：

1. 你认为 20 世纪是一个怎样的世纪？假如享尽荣华富贵的王公贵族穿越时光隧道来到今天的社会，他会怎么说？

2. 如果你是未来的设计师，请你尽情描绘一下想象中的 22 世纪。

果园机器人

秋天到了，果农们又高兴又发愁。高兴的是水果又丰收啦，发愁的是需要做的事太多了。要把果子从树上摘下来，要把它们运到很远的地方去卖，实在忙不过来。

你会想，可以让机器人来帮忙呀。是的，现在已经有了会干农活的机器人。它们能把成熟的果子从树上摘下来，整齐地装进纸箱，然后运到指定的地方。

这些机器人这么聪明能干，看来真是果农的好帮手呢！可是果农还是不太满意。如果没有电，他们是要“罢工”的，果园那么大，到处是果树，不可能让机器人拖着长长的电线走来走去。你会想，可以用电池呀！那就得经常给机器人充电或者换新电池。因为电池的电很快就会用完的，没电了，机器人就会“饿倒”。让果农在大片密密的果树林里一个个地去找“饿倒”了的机器人，那可太麻烦了。

能不能让机器人自己充电呢？科学家正在研究这样的机器人，它们只要“吃”树上掉下的水果就可以干活。这种机器人的肚子里，如果装了特殊（shū）的电池，就可以把吃进去的水果变成糖，再把糖变成电。在收获的季节里，这些机器人只要捡掉在地上的水果“吃”，就能不停地工作。

有了这种“吃”水果的机器人，果农们就轻松多了，只要坐在办公室里指挥它们就行了。要是有机器人报告，地上的水果不够“吃”了，主人就会立刻告诉它，从树上摘些果子“吃”吧。

头脑风暴：

1. 你觉得果园机器人设计得科学合理吗？为什么？
2. 请简单介绍一种你最需要的机器人，它有哪些本领？

电脑住宅

在某城市的中心，有一座实验性的电脑住宅。这座住宅里安装了一百多台电脑，一切都由电脑指挥。

住宅的大门外有一根竖杆，上面安装着风向标。它同室内的电脑相连，将室外的温度、湿度、风力和风向等数据输入电脑。电脑根据这些气象资料，为主人提供一个既节能又舒适的家居环境。

想进入住宅必须要输入密码。门口还有微型摄像机，能将客人的面貌特征输入电脑。如果电脑确认你是“未经登记”的陌生人，你即便知道密码也无法将大门打开。这时，只有主人下达“同意入内”的指令后，大门才会打开。

进入住宅，轻松悦耳的乐曲会立即播放。沿着走廊走进客室，发现里面只有几件家具。原来，其他物品都分门别类地放在地下室仓库的“集装箱”里。需要的时候，可以通过电脑，将相关的“集装箱”调节器运到指定的地方，以便取出或放置物品。

厨房在一楼，里面有一套教人做菜的电脑装置。电脑中储存了中餐、西餐和日本菜等的烹调方法的资料。它不仅能告诉人们如何备料、烹饪，还能示范如何操作和自动控制烹炒的火候。

卧室在二楼，床头有一个写着“休息”二字的开关。主人在睡觉前，只要按一下开关，整栋房子便进入“休息状态”，除走廊等处留有必要的灯光外，其他地方的灯全部熄灭。这时，没有关闭的窗户自行关闭，空调系统减弱风力，房子四周的防盗报警装置进入工作状态。这一切将持续到第二天早晨主人起床为止。

浴室的装置也受电脑指挥，人们可以“预约”洗澡时间。如果想一回家就能洗上热水澡，可以给家里的电脑发指令，告知使用浴室的时间，到时候浴缸里便会放满热水，做好洗浴准备。

住宅里的所有电脑全部设在“暗处”，在室内见不到。它们各有各的职能，分工负责，同时又相互连接，以便对环境做出综合判断，为主人提供舒适的生活条件。

头脑风暴：

1. 你觉得电脑住宅的神奇设施解决了传统住宅的哪些问题？
2. 如果由你来设计电脑住宅，你有什么更奇妙的想法补充？

“专题阅读二”内容：《世界机器人大观》《小学生发明实例》《会飞的房子》。

世界机器人大观

（资料来源：http://fushun. nen. com. cn/74873494856269824/20090319/2083098_4. shtml）

1. 日本（Japan）喂饭机器人“My Spoon”

日本政府高官2008年11月10日在东京举行的卫生机器人示范活动中与一个被称作“My Spoon”的机器人助手坐在一起，见图2－1。日本Secom公司研发“My Spoon”机器人的目的，是帮助残疾人利用嘴巴、手或脚控制一个操作杆吃饭。

2. 瑞士（Swiss）“达芬奇”手术机器人

瑞士日内瓦医学院（Greneva College）的医生利用一个名叫“达芬奇（daVinci）”的机器人进行疝气手术，见图2－2。日内瓦医学院于2008年开设了机器人手术科。这所医院每年大约要利用“达芬奇”机器人进行50～80例手术。

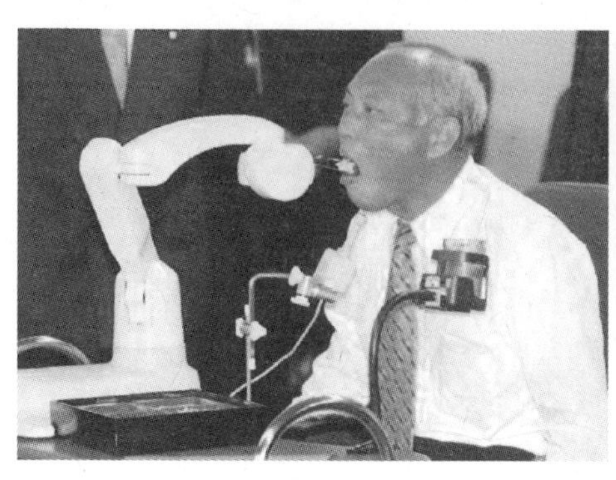

图 2-1

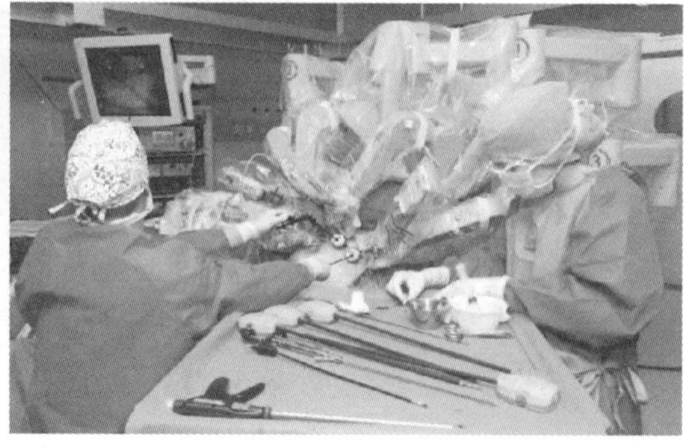

图 2-2

3. 中国北京农民的拉车机器人

住在北京市郊的农民吴玉禄在自家附近驾驶着由他自制的行走机器人拉着的人力车溜达，见图 2-3。这个机器人是热爱发明创造的吴玉禄制成的最新和最大的机器人。吴玉禄从 1986 年开始制造机器人，他用从垃圾堆捡来的金属丝、金属片、螺丝钉和钉子等制造机器人。

4. 美军爆炸物处理机器人

美军特种作战司令部爆炸物处理部队成员在非洲吉布提（Africa Djibouti）莱蒙尼尔军营（Lemonier Camp）进行一场实战演习，见图 2-4。演习过程中，爆炸物处理机器人把一个爆炸装置放置在一个可疑的包裹旁边。

图 2-3

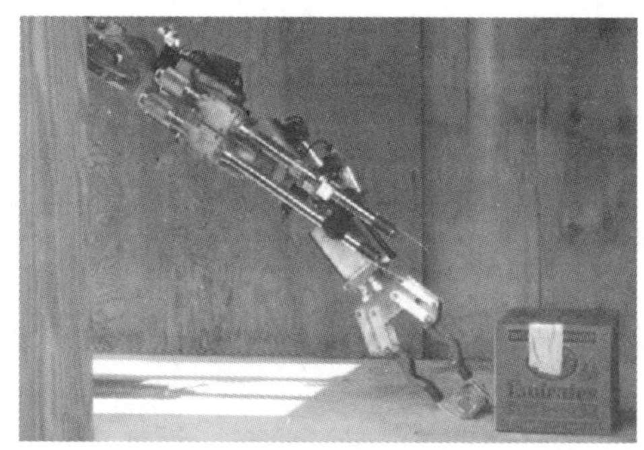

图 2-4

小学生发明实例

（资料来源：http://www.hhc1.cn/4/4.2/29li.htm）

1. 河南乡村娃获全国少儿发明奖

发明者：灵宝市城关南田村小学 孙珊

河南省灵宝市城关南田村六年级小学生孙珊发明的“四能枕”，日前喜获“宋庆龄少年儿童发明奖”。这是灵宝市乡村学生首次获得的国家级奖项。

孙珊在生活中一次偶然的机会有了一个奇特的念头。每当早晨，闹钟催促她起床时，父母也常常被吵醒，她想如果能制造一种既能定时叫醒自己，又不干扰别人的枕头，那该多好呀！于是，好动脑子的孙珊开始寻找实现自己梦想的工具。有一次，她在玩电动玩具，发现只要按下玩具的开关，玩具就动起来，她动手拆开玩具时，发现里面有一个振动器，她想如果用振动器来代替闹钟扬声器的声音，不就克服了闹钟吵醒别人的缺点了吗？在辅导老师僧淑茹和校长宋万宝的支持下，经过一遍又一遍的实验，“四能枕”制作了出来。

该枕运用电学原理，让振动器的振动代替闹钟扬声器的声音，能定时提醒人起床，这是“四能枕”的第一个功能：定时提醒；振动器的声音很小，一般人听不到，这是第二个功能：无干扰；闹钟放在枕头旁边，可以随时查时，这是它的第三个功能：随时查时；振动器的振动可以按摩头部，促进脑部血液循环，这是它的第四个功能：按摩头部。

“四能枕”在全国2万多件学生作品中被选送参加由宋庆龄基金会、中国发明协会、中国教育协会、全国少工委联合举办的评比活动，并和其他170件作品一起获得了发明奖。

2. 可记数的双订书机

发明者：南京市凤凰街小学 黄闽羚

用两个订书机和计数器，通过连杆机械相连接，两个订书机实现联运，一次订两枚订书针，并通过计数器压杆带动计数器动作，从而完成计数任务。同时，通过固定底板长孔和订书机连动杆大小圆管相套后的长度可调性，可方便调整订书机位置，适用于各种规格大小的书本、纸张、文件等的装订。

3. 刮不跑的新型防风雨伞

发明者：南京致远外国语小学 周醒驭

这是一种简洁而又能有效降低伞内面压力，从而不翻转的新型防风雨伞。

它是用如下方法实现的：在伞面防雨布的接缝处开八个孔洞，在孔口安置八个尼龙连接扣，将八个排风小风管套于连接扣上，并用细线缠绕、扎紧。该小风管既能排风又能挡雨。这样就能达到迅速排风、降压这一目的，从而避免了雨伞翻转。

4. 旋转式卫生筷笼

发明者：江苏昆山市城北中心小学 李海鹏

平时常见的筷笼在取筷时往往要被手污染，怎样使筷子不被取筷的手污染呢，江苏昆山市城北中心小学的李海鹏发明了“旋转式卫生筷笼”。筷笼的结构为上下封口，中间部分可滑动，整个筷笼又可旋转。使用时先将筷笼中间滑动部分全移向下方，这时洗干净的筷子（筷头朝上）可方便地入笼，由于上下前左右都有通风空隙，筷子干燥较快。待下一餐又要使用筷子时，只要把上方的活动块移顶部，再把筷笼旋转180度，这时，筷头朝下，再把顶部的活动块移下，筷子的尾部显露出来，用手取筷时，接触的是筷子的尾部，就不会污染筷头了。

5. 充气雨衣

发明者：北京市海淀区打钟庙小学 林恒

充气雨衣，又名吹气雨衣。

普通的雨衣，穿起来下摆总爱贴在裤腿上，雨水就会流到裤腿上和雨靴里，这大概是人们不爱使用雨衣的原因。充气雨衣是在普通雨衣的下摆边添装一条可充气的、适当粗细的塑料管子，使用时在管子中吹气，雨衣下摆就被撑起，避免裤腿和雨靴被淋湿。

6. 多用升降篮球架

发明者：上海市和田路小学 方黎

这是一种为幼儿或儿童游戏设计的玩具篮架模型，目前已被专业单位采用，投入生产。它四面装有投篮圈，这样，就能在较小的场地上供多人同时活动，它的球架可以升降，可根据使用者的不同年龄与身高，任意调节，因此，除小学外，还可供幼儿园使用。

7. 升降讲台

发明者：安徽省合肥市第四十四中学 胡文

升降讲台模拟装置是做教学上演示实验之用，讲台的中央部位，可上下活动升降。在讲台侧面，装有金属摇手把，升降部位内侧装有齿孔，金属把手上装有齿轮并与齿孔吻合。上升时，摇动把手，带动台体齿孔即能上升；下降时朝反方向摇动。升降讲台可以任意调节高度，且装有销子，可以固定。用于演示实验时，坐在后排的学生也能看清。

8. 盲人拐杖鸣示器

发明者：广州市先烈东小学 张世忠

这种拐杖是在普通拐杖里装了一只讯响器和一盏小灯；拐杖的手柄处装了一只开关，供盲人手动操作，发出声光通知车辆和行人注意；拐杖下端侧面装有3组开关，碰到垂直路障时可以发声警告，提醒盲人注意。

9. 乒乓球捡集器

发明者：江苏省靖江县城北小学 薛志强

乒乓球捡集器是在乒乓球队训练场地上收集、捡拾乒乓球的小工具。其功能是用半自动化的拨球、收球叶轮，把球拨进网兜。故只要推着这个“小车”靠近乒乓球，就可以方便地把满地的球捡拾、收集起来，这个小工具节省了人力，节约了训练时间，受到训练队员的欢迎。

10. 多用方便勺

发明者：天津市和平区青少年科技宫 陈元珑

多用方便勺是为将粉末罐里的粉末灌入细口瓶中而设计的方便用具。设计思路是把漏斗和勺子合二为一，从而扩大了功能，方便了使用。这个多用方便勺用来给婴儿或病人喂水、喂粥也很方便。

会飞的房子

当国际奥委会主席萨马兰奇（Sarmaranch）宣布，2008年奥运会的举办城市是“Beijing”时，北京沸腾了！中国沸腾了！全世界的炎黄子孙都以不同的方式庆祝北京申奥成功！

那天晚上，我们全家人也和所有华人一样彻夜难眠，爸爸妈妈兴奋地说：“到时候，我们一家人去北京，为中国队加油！”“好啊！”“可是，全世界单单中国人，就有14亿人那么多；再加上参赛队伍、国际友人，那北京，哪有那么多的房子住?”“对，对，那怎么办?”（简介发明“会飞的房子”的原因。）

哎！假如能发明一种“会飞的房子”，那该多好啊！这种房子能在天空中飞，想去哪，就去哪。它不但能长期住人，而且能时时刻刻起飞。它利用太阳能的聚收，来供应房子里面的一切能量运作需要。它飞行的速度非常快，时速达4000至8000米，飞行高度达3000米，能直上直下，就像一架低飞的直升机。它虽然是根据直升机改良而成，可外形却像个飞碟，并且里面具有现代化房子的一切设备：主人房、儿童房、书房、客厅……电脑、多功能视听荧屏、中央控制室……三层结构，每层100平方米左右，功能齐全，小巧玲珑，可同时住三家人。

(介绍房子的特点与结构。)

哇塞，那该多好啊！听说美国有百分之三十的老人喜欢住汽车旅馆，又方便又合适又可以到处游玩。假如我想象的“会飞的房子”能发明成功，我就可以像孙悟空一样来去自如，既不耽误工作，又能观看自己喜欢的比赛项目。

唉，可惜现在谁能帮我发明这种“会飞的房子”呢？不过，只要再给我20年，我相信，我一定能梦想成真！到那时，我要开一个跨国公司，让全世界的人都来买我的“会飞的房子”，就像买汽车一样便宜。

请让我快点长大吧，我想早些实现我的理想！(畅想未来，但愿能梦想成真！)

三、探究（Inquiry）

发现——走进生活世界

所有的科学发明，往往最早开始于幻想，开始于人们为解决现实生活中的不便或困难。因此，我们的想象要有生活性和科学性。如果不以现实生活为依据，凭空想入非非，那大家的幻想就可能属于“空中楼阁”，永远不能“梦想成真”。所以，幻想之前，我们先来调查生活中自己感兴趣的“现实事物或现象”，发现它们存在的问题，思考需要改进的方面。

1. 实践小热身：你能用一张纸支撑一本厚书吗？

请试一试，再讨论讨论。

2. “生活与科幻”探究活动记录表

表2－1 “生活与科幻”探究活动记录表

研究记录区			
小组名称		带队（指导）家长	
研究事物或现象			
研究时间、地点			
我们调查、探究的过程（关键记录点：这种事物或现象的哪些地方让你们感到不满意？有没有什么问题？比如：不便、不足、缺陷、危害……）			

续上表

我们的分析或思考（包括：畅想未来的发展趋势）	
资料展示区（可用电子文档）	
在参观、采访、调查、探究和思考的过程中，如果你们组拍摄了与活动有关的照片，或者查找过相关的资料，请在此粘贴照片或者收集而来的文字资料等，它们将成为你们参加交流展示活动的重要依据和成果	

四、 展示交流（Sharing）

陶行知爷爷曾说过：人类社会处处是创造之地，天天是创造之时，人人是创造之人。同学们，调查活动结束后，你们了解的“现实信息”就可以成为自己展开创造想象的原型了。那么，发挥想象，用各种方法表达出自己的奇思妙想吧！

1. 完整成果大亮相

(1)“设计专家”成果展示（绘画作品）。

“设计专家”们，请把你们的绘画作品展示出来。

(2)“制造专家”成果展示（小发明、制作）。

“制造专家”们，请把你们的小发明、小制作展示出来。

(3)“科幻作家”成果展示（想象作文）（必做）。

“科幻作家”们，请与大家分享你们的想象作文。

2. 互动评价

来评价一下自己和同学们本次学习活动的表现吧！

第十章

地震 （小学三年级版）

据说，全球已进入地震活跃期。广东省地震局地震预报中心主任杨马陵认为，广东未来仍有发生中等规模地震的可能性。同学们，如果地震真的来了，你们怎么办？

一、 引言 （Introduction）

同学们，震惊世界的汶川大地震夺去了数万人的宝贵生命。但是，离伤亡最为惨烈的北川县不远的安县桑枣中学，2200 名师生却能在 1 分 36 秒内安全撤出危险区，无一伤亡！这个奇迹到底是怎样创造的？

二、 阅读 （Reading）

“专题阅读”内容：《认识地震灾害》《地震中的安县桑枣中学》《全球进入地震活跃期　广东未来仍有中等规模地震可能》。

认识地震灾害

表 2－2　世界上发生过的一些大地震

地震地点	地震时间	震级	伤亡人数	经济损失（直接）
日本阪神	1995 年 1 月 17 日	7.2	5 万余人死亡 3 万余人受伤	超过 960 亿美元

续上表

地震地点	地震时间	震级	伤亡人数	经济损失（直接）
土耳其 伊兹米特（Turkey Izmit）	1999 年 8 月 17 日	7.4	1.6 万人死亡 2.7 万人受伤	超过 200 亿美元
美国 阿拉斯加（Alaska）	1964 年 3 月 28 日	8.5	131 人死亡 受伤人数不详	超过 3 亿（相当于 2006 年的 18 亿美元）
中国 唐山	1976 年 7 月 28 日	7.8	24.2 万人死亡 83 万人受伤	100 亿元以上

头脑风暴：

请同学们就这份表格自由提问，要注意问题的完整性。

地震中的安县桑枣中学

（资料来源：http://www.tianya.cn/publicforum/content/free/1/1272105.shtml）

四川安县桑枣中学是一所农村初级中学，在绵阳周边非常有名。学校连续 13 年都是全县中考成绩排第一。学生最多的班，有 80 多名学生，最前排的学生几乎坐在老师下巴前。

地震来临时，校长叶志平在绵阳办事。大地震来时，他站不稳，只好与学校的总务长互相抱着。手机打不通，电话断了，第一波震荡过去后，他立即驱车往地处重灾区的学校赶。他惦记着学校那栋没有通过验收的实验教学楼，心里最怕的是那栋楼出事。地震时这座楼里有 700 多名学生和他们的老师。

学校所在的安县紧挨着地震最为惨烈的北川，学校外的房子百分之百受损，90 多位教师的房子都垮塌了，其中 70 多位老师，家里砸得什么都没有了。

老师们迎着他报告：学生没事，老师们都没事。

通信恢复后，老师们接到家长的电话，会大声骄傲地告诉家长：我们学校，学生无一伤亡，老师无一伤亡——说话时眼中噙着泪。

他后来说，那时，他浑身都软了。55 岁的他，哭了。

无人敢验收的教学楼

20 世纪 80 年代，实验教学楼建设时，学校没有找正规的建筑公司，断断续续地盖了两年多。到后来，没有人敢为这栋楼验收。老师和学生谁也不愿意搬进去，哪个都知道没有人敢验收的楼，建筑质量是什么样的成色。

当时，叶志平还是普通教师，是学校为数不多的党员之一，别人不敢搬，他只好带头搬。新楼的楼梯栏杆都是摇摇晃晃的。灯泡各式各样，参差不齐，教室本应雪白的墙上，只有底灰。

后来，他当领导了，下决心一定要修这栋楼。

承重柱子重新灌水泥加粗

1997 年，叶志平把与这栋新楼相连的一栋厕所楼拆除了。因为他发现，厕所楼的建筑质量很差，污水锈蚀了钢筋。他怕建筑质量不高的厕所楼牵连同样质量可疑的新楼，要求施工队重新在一楼的安全处搭建了厕所，这样，虽然高层教室上课的同学上厕所不太方便，但毕竟安全了。

1998 年，他发现新楼的楼板缝中填的不是水泥，而是水泥纸袋时，他生气了，找正规建筑公司，重新在板缝中老老实实地灌注了混凝土。

1999 年，他又对这栋楼动了“大手术”，将整栋楼的 22 根承重柱子，按正规的要求，从 37 厘米直径的三七柱，重新灌水泥，加粗为 50 厘米以上的五零柱，他动手测量，每根柱子直径加粗了 15 厘米。

这栋实验教学楼，建时花了 17 万元，加固花了 40 多万元。学校没有钱，他一点点向教育局要，修楼的钱就这样左一个 5 万元、右一个 5 万元化缘而来。

教学楼时刻要用，他就与施工单位协调，利用寒暑假和周末，蚂蚁啃骨头般，一点点将这栋有 16 个教室的楼修好。

对新建的楼，他的要求更是严。楼外立面贴的大理石，只贴一下不行，他不放心，怕掉下来砸到学生，他让施工者给每块大理石板都打四个孔，然后用四个金属钉挂在外墙上，再粘好。地震后，大理石没有一块掉下来。

每学期全校组织一次紧急疏散演习

叶志平知道，教学楼不建结实，早晚会出事。有的学校墙没弄结实倒塌砸到学生，有的学校组织不好，发生学生踩踏事故。

他不能让这样的危险降临在自己学生的身上。于是，从 2005 年开始，他每学期在全校组织一次紧急疏散演习。

本周有演习，会事先告知学生，但娃娃们不知道具体是哪一天。等到特定的一天，课间操或者学生休息时，学校会突然用高音喇叭喊：全校紧急疏散！

每个班的疏散路线都是固定的，学校早已规划好。两个班疏散时合用一个楼梯，每班必须排成单行。每个班级疏散到操场上的位置也是固定的，每次各班级都站在自己的地方，不会错。

教室里面一般是9列8行，前4行从前门撤离，后4行从后门撤离，每列走哪条通道，孩子们早已被事先教育好。孩子们事先还被告知的有，在2楼、3楼教室里的学生要跑得快些，以免堵塞逃生通道；在4楼、5楼的学生要跑得慢些，否则会在楼道中造成人流积压。

学校紧急疏散时，他让人计时，不比速度，只讲评各班级存在的问题。

刚搞紧急疏散时，学生当是娱乐，半大孩子除了觉得好玩外，还认为多此一举，有反对意见，但他坚持。

后来，学生老师都习惯了，每次疏散都井然有序。

他对老师的站位都有要求。老师不是上完课甩手就走，而是在适当的时候要站在适当的位置。适当的时候是：下课后、课间操、午饭晚饭，放晚自习和紧急疏散时——都是教学楼中人流量最大的时候。适当的位置是：各层的楼梯拐弯处。拐弯处最容易摔，孩子如果在这里摔了，老师可以一把把孩子从人流中抓住提起来，不至于让别人踩到。

每周二都是学校规定的安全教育时间，让老师专门讲交通安全和饮食卫生等。集体开会时，他不允许学生拖着自己的椅子走，要求大家必须平端椅子——因为拖着的椅子会绊倒人，后面的学生看不到前面倒的人，还会往前拥，造成踩踏。

男生护送怀孕的老师下了楼

地震那天，他不在学校。学生们正是按着平时学校要求、他们练熟了的方式疏散的。地震波一来，老师喊：所有人趴在桌子下！学生们立即趴下去。

老师们把教室的前后门都打开了。震波一过，学生们立即冲出了教室。

那天，连怀孕的老师都按照平时的学校要求行事。地震强烈得使挺着大肚子的女老师站不住，抓紧黑板跪在讲台上，但也没有先于学生逃走。唯一不合学校要求的是，几个男生护送着怀孕的老师同时下了楼。

地震发生后，2200多名学生，上百名老师，从不同的教学楼和不同的教室中，全部冲到操场，以班级为组织站好，用时1分36秒。

从绵阳冲回学校的叶志平看到的是这样的情景：8栋教学楼部分坍塌，全部

成为危楼。他的学生，11 岁到 15 岁的娃娃们，都挨得紧紧地站在操场上，老师们站在最外圈。

头脑风暴：

请同学们就这篇报道自由提问，要注意问题的完整性。

小游戏：如何防震。请点击 http://www.kepu.net.cn/gb/earth/quake/flash/quake.html 链接，打开资源。

全球进入地震活跃期　广东未来仍有中等规模地震可能

（资料来源：http://gd.nfdaily.cn/content/2011-03/26/content_21878484.htm）

南方日报讯　（记者/张胜波　通讯员/何晓灵）继云南盈江地震、日本大地震后，缅甸再次发生7.2级大地震，这也加剧了人们对全球地震形势的担忧。记者采访省地震局、中山大学专家了解到，全球进入地震活跃期的说法基本上已经得到了学术界认可。有专家表示，广东未来仍有中等规模地震可能。

对于此次缅甸地震，省地震局地震预报中心主任杨马陵，广东省地震学会常务理事、中山大学邹和平研究员均表示不感到意外。

地缘接近，缅甸地震发生后，有人猜测：云南盈江地震与缅甸地震是否存在某种关联？

杨马陵介绍说，两次地震的确都处在“澜沧江－怒江地震带”上，相距不到500千米，同样都是印度洋板块和欧亚大陆板块互相作用的结果。根据相关经验，他还判断说，云南盈江地震有可能是此次缅甸地震的前兆性地震。

此外，杨马陵还表示，缅甸地震与日本大地震则无直接关系。

对于广东，杨马陵认为，广东虽然不属于地震多发地带，但在东南沿海中属于地震发生较多的。从阳江地震后，广东陆地上已经多年没有发生造成大规模伤亡的地震。而从地震的中长期观察预测来看，广东未来仍有发生中等规模地震的可能性。

头脑风暴：

请同学们就这篇报道自由提问，要注意问题的完整性。

三、 探究 （Inquiry）

同学们，让我们一起来编写《地震自救常识手册》吧！

1. 避震方法与准备

同学们，关于地震的预防和自救研究，我们有很多的问题想问。比如：地震来时是跑还是躲？躲到桌子底下对不对……现在，请你们根据图 2 -5 畅所欲言，把自己的问题都提出来。

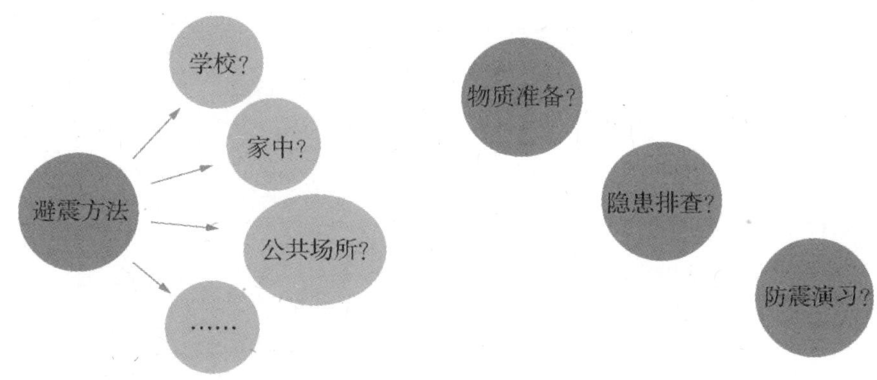

图 2 -5

2. “地震”主题活动侦察记录表

请全班同学各自组队完成下面的“地震”活动侦察记录表。

表 2 -3 “地震”主题活动侦察记录表

学校________ 班级________ 组别________

侦查活动记录区					
侦查组员					
安全员（家长）					
侦查时间					
侦查地点					
安全隐患描述					
避震（三角）空间描述					
侦查鉴定					

续上表

资料展示区

四、 分享 （Sharing）

1. 完整成果大亮相

比一比，看哪个小组的完整成果最有特色！

2. 活动评价总表

孩子们，快来看看你们的活动总评价表。希望你们能通过评价意见总结反思、取长补短、再接再厉！

表2－4 地震（小学三年级版）活动评价总表

学校________ 班级________ 姓名________

姓名		我的小组		指导教师			
评价主体	评价要点			评价等级（打√）			
				好	较好	一般	需努力
学生自评	1. 积极参加阅读、探究、分享等活动						
	2. 会用多种方法搜集、处理信息						
	3. 重视合作，努力完成自己承担的任务						
	4. 本次活动的收获						
	想说的话：						
组员评价	1. 按计划参加小组的每一次活动						
	2. 在各阶段活动中与小组成员愉快地分工合作						
	想说的话：						

续上表

<table>
<tr><td>姓名</td><td></td><td>我的小组</td><td></td><td>指导教师</td><td colspan="3"></td></tr>
<tr><td rowspan="2">评价主体</td><td colspan="3" rowspan="2">评价要点</td><td colspan="4">评价等级（打√）</td></tr>
<tr><td>好</td><td>较好</td><td>一般</td><td>需努力</td></tr>
<tr><td rowspan="4">家长评价</td><td colspan="3">1. 孩子对活动感兴趣</td><td></td><td></td><td></td><td></td></tr>
<tr><td colspan="3">2. 孩子的知识面拓宽了，综合运用知识能力得到提高</td><td></td><td></td><td></td><td></td></tr>
<tr><td colspan="3">3. 孩子的探究、创新意识得到增强</td><td></td><td></td><td></td><td></td></tr>
<tr><td colspan="3">想说的话：</td><td></td><td></td><td></td><td></td></tr>
<tr><td rowspan="4">教师评价</td><td colspan="3">1. 学生能主动发现问题，提出问题，寻求解决问题的方法</td><td></td><td></td><td></td><td></td></tr>
<tr><td colspan="3">2. 学生乐于合作，勤于实践，善于反思</td><td></td><td></td><td></td><td></td></tr>
<tr><td colspan="3">3. 学生的主体性得到一定发挥，高级思维有所产生</td><td></td><td></td><td></td><td></td></tr>
<tr><td colspan="3">想说的话：</td><td></td><td></td><td></td><td></td></tr>
</table>

3. 评选小组优秀成员

亲爱的同学们，到了评选小组优秀成员的时候了，请根据自己的观察、参与和了解情况，评选出你心目中的优秀组员吧！

第十一章

地震（小学四年级版）

同学们，地震能准确预报吗？你们探究过地震前兆及自家房屋的抗震性能吗？到目前为止，地震预报仍然是一个世界性的科学难题。不过，只要我们做好防震研究，不麻痹大意，地震时的生命财产损失就会大大减少。

一、引言（Introduction）

1975 年 2 月 4 日，中国辽宁海城发生 7.3 级大地震。根据有关部门的估计，如果没有震前预报，本次地震可能导致超过 10 万人死亡。但是，由于预报措施比较成功，实际死亡人数递减到 1300 多人！那么，这个联合国迄今为止所承认的唯一一个准确预报的地震案例是怎样创造的呢？

二、阅读（Reading）

“专题阅读”内容：《成功预测海城地震揭秘》《地震之前动物的异常行为》《日本的楼盘防震设计》。

成功预测海城地震揭秘

（资料来源：http://baike.baidu.com/view/33629.htm）

大胆推测

1975 年 2 月 3 日，在中国科学院（以下简称“中科院”）地球物理所工作的李志永，结束了对沈阳水库一个月的观测后，到营口探亲。2 月 4 日早上，营口发生了有感地震，出于“地震就是命令”的责任感，他赶到营口市科技局和地震办公室，参与工作。在对地震台源源不断报上来的数据绘制出图表后，他在2月4日中午做出了一个重要的推测，在2月4日晚12点左右可能会发生7级以上的大地震。

积极防备

营口已经处在高度紧张中，1974年6月国务院转发的中科院的69号文件中，锁定了几个可能发生地震的地区，北京、天津、唐山、渤海、张家界，“立足有震，提高警惕，防备六级以上地震的突然袭击……”

时刻关注

此后，营口地区不断出现地震前的征兆，当地的地震工作者一再推测和锁定大地震可能发生的时间。1975年1月，辽宁省革命委员会发布了地震情况通报：丹东、营口、旅大、盘锦地区有发生五六级地震的可能。从2月1日开始，营口地震台地震仪的指针开始摆动，到2月3日，小震增强。2月4日凌晨，辽宁省革命委会地震办公室发布简报称，即将发生5级以上地震。2月4日早晨7点50分，一场4.8级的地震发生了。这场地震让李志永将近一个月在水库的观测结果以及6年前在邢台地震中所取得的重要经验联系起来。“可能因为我介绍是北京来的，还有我的工作单位等，他们都把我看成专家了。”李志永后来推测说。他把这一推测结果和图表往3位局长面前一摆，阐述了自己在邢台地震期间的经验和自己的一套推论：“现在形势非常紧急……”

局长听完，就往市里走，下午市里有个关于地震的紧急会议，李志永的这个推论在会议上被传达，并通过街道办等基层组织传达给市民。许多人证实，在海城地震发生之前的那天下午，居民被通知，晚上可能有大地震，必须做好抗震准备，睡觉不能关灯锁门，有的地方甚至通知放映露天电影，建议居民不要进屋睡觉等。

下午的会议开完后，有群众打电话说有地气涌出地面，李志永和地震办的人驾车去看，在回头的路上，大地震就发生了，“我看见火球从地面上冒起，大地在不停地喷砂喷水，亲历这种场面和别人的描述感觉完全不同。”根据邢台地震中的经验，他初步判断地震级数为7.4级，并把数据提供给军方作为抢险救灾的依据。

海城大地震，震级7.3，震中烈度9度多，波及了6个市、10个县，却仅有1300多人死亡，占全地区人口的0.016%。在世界历史上成功地预报七级以上大地震尚属首次。

头脑风暴：

请同学们读文后自由提问，并注意问题的完整性。

人类迄今为止能够预测地震吗？请点击 http://video. sina. com. cn/v/b/13573610 - 1226467287. html 链接，打开资源。

地震之前动物的异常行为

（资料来源：http://baike. baidu. com/view/43664. htm）

动物对于地震更为敏感，许多动物的某些器官感觉特别灵敏，它能比人类提前知道一些灾害事件的发生，例如海洋中水母能预报风暴，老鼠能事先躲避矿井崩塌或有害气体等等。至于在视觉、听觉、触觉、振动觉、平衡觉器官中，哪些起了主要作用，哪些又起了辅助判断作用，对不同的动物可能有所不同。伴随地震而产生的物理及化学变化（振动、电、磁、气象、水氡含量异常等），往往能使一些动物的某种感觉器官受到刺激而发生异常反应。如一个地区的重力发生变异，某些动物可能通过它的平衡器官感觉到；振动异常，某些动物的听觉器官也许能够察觉出来。地震前地下岩层早已在逐日缓慢活动，呈现出蠕动状态，而断层面之间又具有强大的摩擦力，于是有人认为在门板摩擦的断层面上会产生一种每秒钟仅几次至十多次、低于人的听觉所能感觉到的低频声波。人要在每秒 20 次以上的声波才能感觉到，而动物则不然。那些感觉十分灵敏的动物，在感触到这种声波时，便会惊恐万状，以致出现冬蛇出洞，鱼跃水面，猪牛跳圈，狗哭狼吼等异常现象。动物反常的情形，人们也有几句顺口溜总结得好：

震前动物有预兆，群测群防很重要；
牛羊骡马不进厩，猪不吃食狗乱咬；
鸭不下水岸上闹，鸡飞上树高声叫；
冰天雪地蛇出洞，大鼠叼着小鼠跑；
兔子竖耳蹦又撞，鱼跃水面惶惶跳；
蜜蜂群迁闹哄哄，鸽子惊飞不回巢；
家家户户都观察，发现异常快报告。

除此之外，有些植物在震前也有异常反应，如不适季节的发芽、开花、结果或大面积枯萎与异常繁茂等。

海城地震前兆：上百条蛇雪地大迁徙。请点击 http://v.ifeng.com/his/200812/c8dedfce-64c6-49e2-99c0-513243afda9d.shtml 链接，打开资源。

日本的楼盘防震设计（节选）

（资料来源：http://news.163.com/08/0620/00/4ERERP0D0001121M.html）

如果房屋抗震性强，那么生命财产的损失就会大大减少。近年来，日本一些城市出现兴建“抗震抗灾公寓”热潮，这也是吸取神户地震的教训而采取的一项积极措施。原来，1981 年，美国洛杉矶市（LosAngeles City）政府以法令的形式强制要求：房主必须对老旧砖石结构房屋加固，主要措施之一是用钢筋锁固山墙，增强抗震能力。

日本和美国，在经过惨烈地震之后，不断反思，积极研究，在设计建造抗震建筑物方面积累了宝贵的经验。他们的建筑是如何设计的？其抗震效果如何？哪些值得我们借鉴？

日本校舍：第一避难所

地震专家对历次地震的分析显示，地震中人员伤亡总数的 95% 以上是由房屋倒塌造成的。

自 1976 年唐山大地震后，我国对城市建筑的抗震标准进行了严格规范。20 世纪 80 年代后的新建房基本上都具有防震、抗震能力。如果严格依照防震标准设计和施工，大部分建筑物应该能够抵御类似汶川地震这种级别的地震。这次汶川地震中损毁的大多是一些老旧建筑和没有达标的建筑。

对于为何这次地震中校舍倒塌较多，工程抗震专家、中国科学院周锡元院士说：“我国学校的设计和建设，是按标准走的，问题在于没有提高标准。”他说，学校在抗震方面存在几个先天缺陷：一是房间大，二是窗户大，三是走廊长，缺少墙面支撑，抗震能力就弱。

在校舍防震方面，日本做得较好。日本防震有一个基本原则，就是“学校是

第一避难所”，所有的房子都可以倒，学校的房子不能倒。这也是日本总结历次地震灾害教训的结果。1923 年，日本关东大地震，导致不少学校教学楼倒塌，学生集体遇难。当时的日本政府从中吸取了教训，要求以“学生的生命维系着国家未来”为最高原则，加强房屋抗震性。1995 年 1 月 17 日大阪、神户地区的 7.2 级“阪神大地震”之后，日本政府开始实施“校舍补强计划”。根据这一计划，全国各中小学校全面进行一次抗震检查，对不符合最新抗震要求（抗震要求为 7 级）的学校立即进行补强施工。日本校舍多采用钢骨架，可以起到弹性防震作用。

在日本这些年来发生的多次地震灾害中，最后不会倒塌的建筑物中必有学校。日本的学校是防灾的中心，是市民在遭遇灾害时最放心的躲避场所，那里有宽大的操场，有体育馆，一有地震、暴雨等灾害发生，市民就会先到这里来躲避。一些学校还有小仓库，里面储存了淡水、铁锹、燃料以备不测。而日本各社区发出的防灾通知中，总要标出小学、中学、高中所在的位置，告诉住户一旦发生灾害，要去学校躲避。

深圳建筑专家谈房屋抗震。请点击 http://v.youku.com/v_show/id_XMzA4MTgyMjQ=.html 链接，打开资源。

 三、探究（Inquiry）

同学们，让我们来共同编写《地震预测小百科》吧！

1. 探究指引

我们可以从以下几个方面来预测地震，见图 2－6，各小组请自行设计表格来填放自己搜寻到的资料。

（1）查阅资料：中国地震科普网（http://www.dizhen.com.cn/）。

（2）采访专家关于地震预测的知识。

2. “地震”主题活动访谈记录表

表2－5 “地震”主题活动访谈记录表

学校________ 班级________ 组别________

访谈活动记录区					
访谈组员					
安全员（家长）					
访谈时间					
访谈地点					
访谈问题					
访谈对象 回答简录					
访谈结果分析					
资料展示区					

四、分享（Sharing）

1. 完整成果大亮相

比一比，看哪个小组的完整成果最有特色！

2. 活动评价总表

孩子们，快来看看你们的活动总评价表。希望你们能通过评价意见总结反思、取长补短、再接再厉！

表2－6 地震（小学四年级版）活动评价总表

学校__________ 班级__________ 姓名__________

姓名		我的小组		指导教师			
评价主体	评价要点			评价等级（打√）			
				好	较好	一般	需努力
学生自评	1. 积极参加阅读、探究、分享等活动						
	2. 会用多种方法搜集、处理信息						
	3. 重视合作，努力完成自己承担的任务						
	4. 本次活动的收获						
	想说的话：						
组员评价	1. 按计划参加小组的每一次活动						
	2. 在各阶段活动中与小组成员愉快地分工合作						
	想说的话：						
家长评价	1. 孩子对活动感兴趣						
	2. 孩子的知识面拓宽了，综合运用知识能力得到提高						
	3. 孩子的探究、创新意识得到增强						
	想说的话：						
教师评价	1. 学生能主动发现问题，提出问题，寻求解决问题的方法						
	2. 学生乐于合作，勤于实践，善于反思						
	3. 学生的主体性得到一定发挥，高级思维有所产生						
	想说的话：						

3. 评选小组优秀成员

亲爱的同学们，到了评选小组优秀成员的时候了，请根据自己的观察、参与和了解情况，评选出你心目中的优秀组员吧！

第十二章

自然之道

顺应“自然之道”，人类插上翅膀；违背“自然之道”，人类饱受惩罚。什么是“自然之道”？它就在我们的身边！同学们，睁大你们的双眼，快快去发现！

一、引言（Introduction）

同学们，大自然中林林总总的动物、植物以各自独特的生存方式，向我们暗示着一个又一个的自然奥秘，不断启示人类发明创造。前人根据荷叶造出了雨伞；根据青蛙眼发明了电子蛙眼；根据鲸身体的“流线型”发明了轮船；根据小鸟发明了飞机……

不过，人类受到大自然惩罚的例子也数不胜数。例如，人们好心帮助海龟，海龟却因此受到危害；林务官“打扫”森林，森林却从此遭了殃。孩子们，这到底是为什么？阅读完以下文章，大家就能找到答案啦！

二、阅读（Reading）

“专题阅读”内容：《自然之道》《“打扫”森林》《我要活下去》。

自然之道

[美] 伯罗蒙塞尔

我和七个同伴及一个生物学家向导，结队来到南太平洋加拉巴哥岛（Galapago）旅游。在这个海岛上，有许多太平洋绿龟在筑巢孵化小龟。我们的目的，就是想实地观察一下幼龟是怎样离巢进入大海的。

太平洋绿龟长大后在一百五十公斤左右，幼龟体重不到它的百分之一。幼龟一般在四五月份离巢而出，争先恐后爬向大海。从龟巢到大海需要经过一段不短的沙滩，稍不留心，幼龟便可能成为食肉鸟的美食。

那天我们上岛时，已近黄昏，很快就发现一只大龟巢。突然，一只幼龟把头探出巢穴，却欲出又止，似乎在侦察外面是否安全。正当幼龟踌躇不前时，一只嘲鸫突然飞来，它用尖嘴啄幼龟的头，企图把它拉到沙滩上去。

我和同伴紧张地看着眼前的一幕，其中一位焦急地对向导说："你得想想办法啊！"向导却若无其事地答道："叼就叼去吧，自然之道，就是这样的。"向导的冷淡，招来了同伴们一片"不能见死不救"的呼喊。向导极不情愿地抱起那只小龟，朝大海走去。那只嘲鸫眼见到手的美食丢掉，只好颓丧地飞走了。

然而，接着发生的事让大家极为震惊。向导抱走幼龟不久，成群的幼龟从巢口鱼贯而出。我们很快明白：我们干了一件愚不可及的蠢事。那只先出来的幼龟，原来是龟群的"侦察兵"，一旦遇到危险，便会返回龟巢。那只幼龟被向导引向大海，巢中的幼龟得到错误信息，以为外面很安全，于是争先恐后地结伴而出。

黄昏的海岛，阳光仍很明媚。从龟巢到海边的一大段沙滩，无遮无拦，成百上千的幼龟结队而出，很快引来许多食肉鸟，它们可以饱餐一顿了。

"天啊！"我听见同伴说，"看我们做了些什么！"这时，数十只幼龟已成了嘲鸫、海鸥、鲣鸟的口中之食，我们的向导赶紧摘下棒球帽，迅速抓起十多只幼龟，放进帽中，向海边奔去。我们也学着他的样子，气喘吁吁地来回奔跑，算是对自己过错的一种补救吧。

不一会儿，数十只食肉鸟吃得饱饱的，发出欢乐的叫声，响彻云霄。我和同伴们低着头，在沙滩上慢慢地走。向导一边走一边发出悲叹："如果不是我们，这些海龟根本就不会受到危害。"

“打扫”森林

从前，德国有个林务官，刚上任，就下了一道命令：把森林“打扫”干净。

护林工人只好照着他的命令去做，把灌木统统砍光，把杂草统统除尽，连地上的枯枝烂叶也不放过。森林面貌顿时改观了：林子里又宽敞又洁净，连一根杂草也没有。林务官看着，心里美滋滋的。

不想森林却从此遭了殃。几年过去了，橡树和菩提树的叶子越来越少，光秃秃的像一把把扫帚，有些树木甚至干枯了。

这究竟是怎么回事呢？是林务官异想天开的命令给森林带来了灾难。

原来，大自然中的一切事物都是互相联系的。枯枝败叶，看起来是脏东西，其实，它们腐烂之后，变成了腐殖质，能增强土壤的肥力。它们还是一些小动物的食物和隐蔽场所。矮树丛也是许多动物栖息的地方。森林里的灌木丛和野草多了，昆虫、鸟类、兽类也就多了。许多动物以植物为食，像甲虫和毛毛虫吃树叶、嫩枝，而鸟儿在矮树丛里营巢，捕食森林里的害虫。

林务官把灌木丛砍了、把野草锄了、鸟儿飞走了，森林里的害虫就逞凶啦。它们大量繁殖，成群地向树木进攻，吃树叶、咬树根、钻树心。没有天敌制服害虫，树林就渐渐被毁了。

我要活下去

（资料来源：http://iiris. cn/index. html）

“野火烧不尽，春风吹又生”。植物为了生存，常有顽强的生命力。除此，它们也各有各的生存本领，这些本领称为“生存机制”。

1. 留住水分与养分的鸟巢蕨

鸟巢蕨长得像一个大鸟巢，它常着生在高高的树干上，既不吸收树干上的水分、养分，根也没深入地表吸收水分、养分，它是如何生存的呢？鸟巢蕨的叶片呈覆瓦状排列、从四面八方长出，中心就空出来，中心部分可以用来截留水分、存有机肥，供给自己的生长，它利用长得很长的气生根，牢牢抓住树干，大风来时也不怕。

2. 反卷与脱落

（1）死去活来草（万年松）

在海边的石头上可看到万年松，叶面是绿色、叶背是白色的，当干旱时叶背

向中心反卷成拳头状，呈现白色：一来反射阳光，二来减少水分蒸散面积。看似死去其实不然，等到雨水来了，又可展平成手掌状呈现原来的绿色叶面，让人以为它又活过来，所以又叫“死去活来草”。

（2）石苇

蕨类生长的地方常在恶劣的环境如墙角、树上、石头缝，这些地方水分较不足，因此在叶柄处常有关节，叶背颜色较白。碰到干旱的环境时，第一招是反卷以减少蒸散面积和反射阳光；第二招是从关节处脱落，减少叶面蒸散水分，等待水分较充分时又长出新叶。因此可从叶子的颜色判断环境的干湿。

3. 火的机制—利用火铲除异己

（1）芒草

芒草容易割到手，因叶子边缘有锯齿（含有硅成分）。当芒草最嫩的叶子由中间长出来时会把老叶子挤到外面，然后变成燃料。一旦发生火灾就将自己及旁边的阔叶树烧掉。芒草的种子得到全日照才会萌发，当周围环境是大火烧过、阳光充足时，芒草种子就会长出新的芒草。

（2）松树

松树妈妈真伟大，因为它为了下一代要引火自焚、牺牲自己，创造有利的环境给下一代。松树的种子需全日照才会萌发，如有遮阴便不会萌发，于是松树利用身上松脂易燃的特性，烧掉母株及旁边的阔叶树，火一烧，松子的壳就会裂开，火烧后开阔的环境让种子得到空间萌发。所以自然界的火灾对某些植物是有益的。

4. 两形叶（孢子叶与营养叶）

伏石蕨上有两形叶，上面长孢子的叫孢子叶，孢子叶长得较高较瘦长，孢子就容易飞出去，传播得较远。不长孢子的叶子叫营养叶，较胖短、叶片大，可捕捉阳光行光合作用。孢子叶与阳光的方向是平行的，营养叶与阳光的方向是垂直的，目的是用放平的姿态来捕捉更多的阳光，以便进行光合作用。

5. 缠勒现象——取而代之

榕属植物为了生存常缠勒在其他的植物上，并加以绞杀，完全占领原来植物的生存空间。它生长的过程如下：

鸟类将种子随粪便排放在树干上→种子发芽后借由粪土得到营养快速生长→生长出的气生根慢慢缠勒原来的植物（榕属植物生长速度快），枝叶生长茂盛盖住原来植物的树冠，使其不得进行光合作用→原来植物被绞杀而亡。

6. 树裙防藤子

对大多数植物而言，向上生长、争取较多阳光，是其必要的生存条件。而生活在森林下层的藤类植物，它们为了生存，只好借着攀爬在其他植物身上的方式，来争取生存空间。台湾桫椤和鬼桫椤的老叶不会断落是为了防止藤本植物攀爬到树顶后被灭绝。桫椤的叶子老化后，留在树干上，当有藤本植物爬至老叶处，因重量加重，老叶会断落，藤子只好跟随掉落，永远不会缠到新生叶，桫椤借此机制得以生存。

7. 大红花与蚂蚁——共生现象

大红花的叶柄基部有两个小腺点，会分泌甜汁吸引蚂蚁，甚至有些蚂蚁就在大红花树上做窝，把这棵树当成自己的势力范围，当有别的昆虫前来时，蚂蚁会驱赶，从而也达到保护树木的目的，这就是植物和蚂蚁的共生现象。

(1) 大自然的语言。请点击 http://v.ku6.com/show/s2CkUXtOLirtrQ1j.html 链接，打开资源。

(2) 大自然的报复之高温。请点击 http://v.youku.com/v_show/id_XMTc3NTgxMg==.html 链接，打开资源。

三、探究（Inquiry）

1. 探究活动

(1) 请通过图 2－6 找寻了解自然之道。

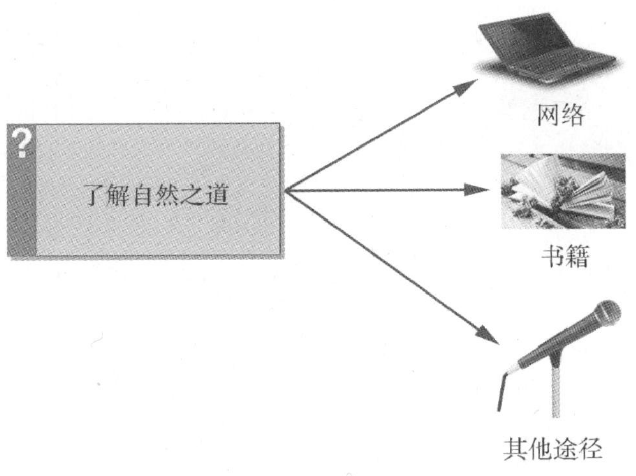

图 2－6

（2）请仔细观察自然之道并加以分析。

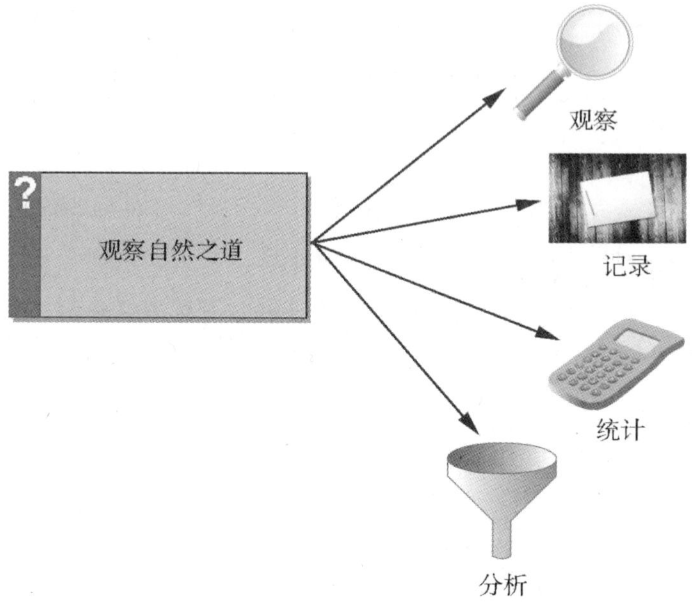

图2－7

（3）请验证自然之道并加以分析。

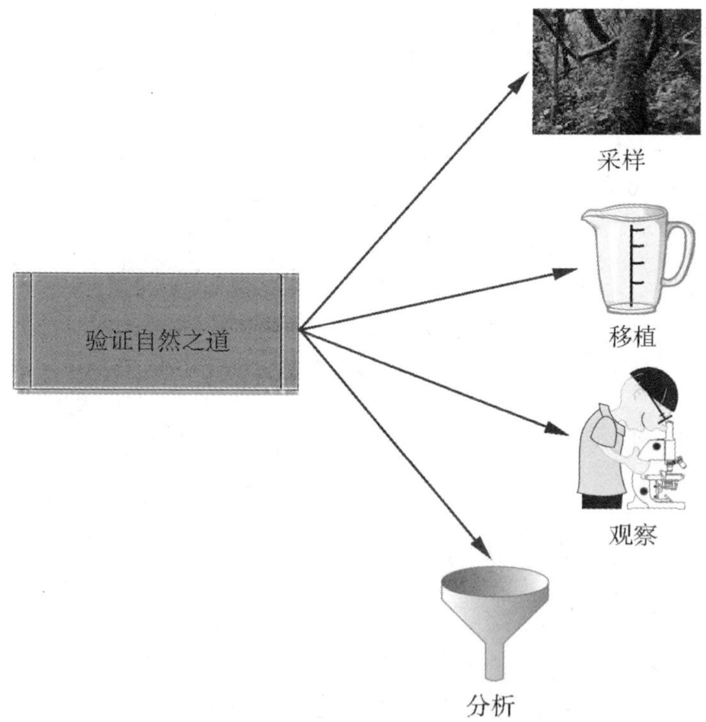

图2－8

2. 各类活动过程记录表格

请小组长从这儿获取各类活动过程记录表格。

表 2-7 “自然之道”综合实践活动小组活动方案

学校______ 班级______ 姓名______

小组活动主题：
小组名称：
活动时间：
活动地点：
活动目标：
活动方法：
活动步骤及分工：
预期成果及成果形式：

表 2-8 “自然之道”小组活动记录表

学校______ 班级______ 姓名______

研究主题		
出席情况	按时出席	
	迟到	
	缺席	
活动地点		
小组活动目的		
交流、讨论的主要内容		

续上表

查阅、学习的资料	
本次活动小结	
下一步活动安排与准备	
小组长对本次活动的评价	组长签字：__________
指导老师（家长）建议	指导老师（家长）签字：__________

表2－9　“自然之道”综合实践活动访谈表

学校______________　班级______________　组别______________

<table>
<tr><td>小组研究主题</td><td colspan="5"></td></tr>
<tr><td colspan="2">访问者（学生）：</td><td colspan="2"></td><td>被访问者</td><td></td></tr>
<tr><td colspan="2">工作单位：</td><td colspan="2">职务（职称）：</td><td colspan="2">专业（专长）：</td></tr>
<tr><td colspan="2">访问日期：</td><td colspan="2">地点：</td><td colspan="2">方式：</td></tr>
<tr><td colspan="6">访问主题：</td></tr>
<tr><td colspan="6">访问主要记录：</td></tr>
<tr><td colspan="6">结论（专家意见、简意）：</td></tr>
<tr><td colspan="6">访问时间：______分钟______

签名（专家）__________</td></tr>
</table>

表 2－10 “自然之道”观察活动记录表

学校＿＿＿＿＿＿ 班级＿＿＿＿＿＿ 组别＿＿＿＿＿＿

观察记录区	
观察时间	
观察人员	
观察地点	
生长地点	
寄生环境	
形态特征	
我们的结论或思考	
资料展示区	

表 2－11 “自然之道”实验活动记录表

学校＿＿＿＿＿＿ 班级＿＿＿＿＿＿ 姓名＿＿＿＿＿＿

实验记录区	
实验时间	
实验人员	
移植植物	
移植地点	
移植环境	
移植后的生长状况	
生长状况原因分析	
资料展示区	

四、分享（Sharing）

1. 我们眼中的自然之道

经过阅读、探究活动，我们有很多的发现和思考，快来写下你眼中的自然之道……

2. 完整成果大亮相

比一比，看哪个小组的完整成果最有特色！

3. 活动评价总表

孩子们，快来看看你们的活动总评价表。希望你们能通过评价意见总结反思、取长补短、再接再厉！

表 2－12 “自然之道”活动评价总表

学校__________ 班级__________ 姓名__________

姓名		我的小组		指导教师			
评价主体	评价要点			评价等级（打√）			
				好	较好	一般	需努力
学生自评	1. 积极参加阅读、探究、分享等活动						
	2. 会用多种方法搜集、处理信息						
	3. 重视合作，努力完成自己承担的任务						
	4. 本次活动的收获						
	想说的话：						
组员评价	1. 按计划参加小组的每一次活动						
	2. 在各阶段活动中与小组成员愉快地分工合作						
	想说的话：						
家长评价	1. 孩子对活动感兴趣						
	2. 孩子的知识面拓宽了，综合运用知识能力得到提高						
	3. 孩子的探究、创新意识得到增强						
	想说的话：						

续上表

<table>
<tr><td>姓名</td><td></td><td>我的小组</td><td></td><td>指导教师</td><td colspan="3"></td></tr>
<tr><td rowspan="2">评价主体</td><td rowspan="2" colspan="3">评价要点</td><td colspan="4">评价等级（打√）</td></tr>
<tr><td>好</td><td>较好</td><td>一般</td><td>需努力</td></tr>
<tr><td rowspan="4">教师评价</td><td colspan="3">1. 学生能主动发现问题，提出问题，寻求解决问题的方法</td><td></td><td></td><td></td><td></td></tr>
<tr><td colspan="3">2. 学生乐于合作，勤于实践，善于反思</td><td></td><td></td><td></td><td></td></tr>
<tr><td colspan="3">3. 学生的主体性得到一定发挥，高级思维有所产生</td><td></td><td></td><td></td><td></td></tr>
<tr><td colspan="3">想说的话：</td><td></td><td></td><td></td><td></td></tr>
</table>

4. 评选小组优秀成员

亲爱的同学们，到了评选小组优秀成员的时候了，请根据自己的观察、参与和了解情况，评选出你心目中的优秀组员吧！

第十二章

生物入侵

外来物种和外来入侵物种有什么不同？外来入侵物种每年造成我国经济损失 2000 亿元人民币！你听后想到了什么？

一、引言（Introduction）

当肥沃的土地长满杂草而不是粮食；
当原本畅通的黄金水道被大量水葫芦堵塞；
当马路边美丽的植物绞杀着憨厚老实的“土著生物”；
当巴西龟从宠物变为“杀手”，给珠江流域带来灾难；
外来物种入侵，已在我们身边……
同学们，睁大你们的双眼，快快去发现！

二、阅读（Reading）

“专题阅读一”内容：《红火蚁》《请不要再放生巴西龟》《“绝症”席卷穗松树林》。

红火蚁

（资料来源：http://www.greenvol.org/showtopic.aspx? topicid=1303&onlyauthor=1）

十几年前，广东吴川发现了一种很凶的蚂蚁，咬得农民无法下田干活。这种体积微小、貌不惊人却异常凶狠的红火蚁是一种很容易被激怒的蚂蚁，它一旦认为自己的领地受到侵犯，就会不惜一切代价疯狂反击。它会用尾部的螯针叮蜇"侵入者"，将毒蛋白注入人的皮肤，使伤口出现痒痛、红肿甚至水泡。事实上，大约有2%的人群会对红火蚁的毒液产生更为严重的过敏反应：发热、休克，严重的甚至死亡。

去吴川考察的专家发现，田埂上密集分布着十几个蚁丘。最大的蚁丘占地有1平方米，高60厘米。这是红火蚁们用几个月的时间堆起来的，令人不寒而栗。每一个成熟的蚁丘中，往往隐藏着几十万只红火蚁，仿佛一个个的"地雷"，如果一不小心踩到，不管是牛羊猪狗，还是小猫小鸡，抑或是人类，立刻会遭到几千几万只红火蚁的围攻，非常麻烦。

红火蚁的老家在南美洲（South America），但是因为在南美洲有一种专吃蚂蚁的"天敌"——食蚁兽，一天可以吃掉3万只蚂蚁；有多种寄生蝇，可以在红火蚁体内产卵，令红火蚁死亡；还有多种微孢子病原，红火蚁受到感染也会使产卵量减少，所以红火蚁在其"老家"繁殖得并不算太快。可是，当红火蚁作为"入侵生物"通过进口植物或别的途径来到中国之后，"天敌"几乎没有。再加上红火蚁的繁殖能力相当惊人，所以一蔓延就很难控制。

国内目前发现红火蚁的地方，红火蚁的密度是南美洲的100倍。

请不要再放生巴西龟

（资料来源：http://gzdaily.dayoo.com/html/2009-07/26/content_645674.htm）

放生是我国传统民俗，信佛的群众每到农历十五就到江河湖海中放归水生生物，近年来一种原产于北美洲（North America）的巴西龟成为人们放生的宠儿。但令人大为意外的是，如此善举却给珠江流域带来了灾难。

巴西龟的头、颈、四肢、尾均布满黄绿镶嵌粗细不匀的条纹，头顶部两侧有两条红色粗条纹。眼部的角膜为绿色，中央有一黑点。吻钝、背甲、腹甲每块盾

片中央有黄绿镶嵌且不规则的斑点，每只龟的图案均不同。有的在肋盾上有黄色条纹，眼后具明显的黄色斑块。雌性及幼体背甲下缘和腹甲为黄色，每个缘盾的后部有暗灰色的环形斑。雄性成体多呈灰黑色，眼后黄色斑显著缩小。

如此美丽的外表，让巴西龟最先作为宠物进入我国，目前不少花鸟鱼虫市场仍然可见巴西龟的身影。可是，巴西龟走进自然水体就变成魔鬼。研究发现，巴西龟生长速度快，繁殖能力强，易存活，一旦放生野外，就大量掠食其他生物资源，使其他种类遭到毁灭性破坏。它一旦入侵水体，不但不会自动消失，反而会大肆繁殖和扩散，清除和消灭非常困难。如今巴西龟已被世界自然保护联盟列为世界最危险的100个入侵物种之一，同时它还是疾病传播的媒介。

“绝症”席卷穗松树林

（资料来源：http://www.southcn.com/news/dishi/guangzhou/shehui/200411180234.htm）

林业部门的工作人员将病松砍倒分解，树干装袋，树枝、树叶则要用厚达10毫米左右的塑料薄膜包裹起来，分别用磷化铝进行熏蒸15天左右。

一种可怕的、被形容为“松树癌症”的松材线虫病正在广州大片林区蔓延。为了消灭传染源，林业部门唯有挥泪砍树，因为对付松材线虫病，目前尚无良策。年内广州的4万多株松树将“碎尸万段”，目前已清理过半。

“没想到今年的线虫病来得这么快，这么猛”，华南植物园园艺科工程师韦强指着火炉山一侧已明显呈病状的松树感慨。

他说，前段时间华南快速干线旁的这些松树，都还青青葱葱的，十分健康，可现在已满树皆红，被砍掉清除的命运已成定局。距离高速公路不远的山头上，林业部门的专业队伍正在清理山头的死树，随之裸露出来的大块大块白色山体在阳光下显得十分刺眼。

华南植物园大门处，一保安指着远处最高的一个山顶介绍：那里的树已砍了六七天了。一植物园工作人员表示，患了这种病的松树，初期比较难发现，人们容易误以为松针变黄变红，是秋季落叶引起的。

这种肉眼看不见的松材线虫，一旦进入马尾松、黄松、赤松等松类植物，能在短期内引起松树死亡，“成片的松树就像火烧过一样”。据了解，目前，在增城凤凰山、天河植物园、白云区太和中心镇一带，黄埔的长洲岛和龙头山一带，以及从化温泉等地都已发现了成片的松材线虫病区。其中，火炉山一侧、科学城和凤凰山等地，大片大片的染病红松树正在被清理。

广州市森林防治检疫站副站长王卫文称，“一旦发生松材线虫病，最及时有效的措施就是清除病树，然后再作后期防治”。据市林业部门估计，今年大面积发生的松材线虫病虫害，已使5万亩松林遭殃；今年要清除的病死树将达到4万多株，目前已清理了一半。

大片枯死的松树叶在周围的绿叶衬托下显得格外明显。

据华南植物园相关负责人介绍，为了避免疫情进一步传播，该园在将被感染病虫的马尾松砍伐后，交由增城一家木材公司统一进行灭毒处理。经过高温蒸煮等诸多程序后，病虫将被彻底杀死，从而避免再度扩散。

昨天下午，记者来到增城市威华中纤板制造有限公司。据该厂负责人蔡先生介绍，该厂主要加工中纤板，以前并没有做过为木材杀毒的工作。植物园在树木疫情暴发后，曾与该厂联系，要求进行灭毒处理。他们曾经两次从植物园运送疫木回厂。由于害怕病虫扩散，“这些木材不敢堆放，拉回后直接送到车间进行处理”，蔡先生一边说，一边带领记者详细参观了整个流程。

记者看到，在车间最外面，工人正将木材堆放到一列长长的运输机上。蔡先生说，运送回来的疫木首先通过运输机送到车间里面的削片机中被削成碎片。碎片随后被自动汇总到楼上的料仓中。车间正中轰鸣作响的一个巨大的柱形机器是蒸煮罐，里面气压很高，温度更是高达250℃。在这种高温蒸煮下，大部分病虫都能被杀死。在蒸煮大约15分钟后，削片被送到热磨机中，进行高温磨碎，木材最终被磨成粉末，细度几乎接近粉尘，任何病虫都不会再存在了。而这些木粉末还可以照常做成纤板，不至于造成太大的资源浪费。

头脑风暴：

请同学们自由提问并注意问题的完整性。

“专题阅读二”内容：《薇甘菊——一分钟一英里草》《马缨丹：天使面孔，蛇蝎心肠》《对付入侵植物的方式》。

薇甘菊——一分钟一英里草

（资料来源：http://www.greenvol.org/showtopic.aspx?topicid=1303&onlyauthor=1）

薇甘菊是原产于中南美洲的植物，它有一个特别的名字：一分钟一英里草，它旺盛的生命力由此可见一斑。

在华南植物园，薇甘菊像厚厚的棉被一样覆盖在一株大榕树上。工作人员已

经将其拦腰斩断，大榕树才有机会呼吸新鲜空气。如果是在野外无人看管的状态下，大榕树就要被活活闷死。

就算将薇甘菊折断，它的茎节和节间也都可以再次生根，每个节的叶腋又可长出一对新枝，真可谓“野火烧不尽，春风吹又生”，非常难斩草除根。

人们最初将薇甘菊引入国门，正是看中了它顽强的生命力，想要它为城市绿化做贡献。可是没有想到的是，薇甘菊的生长是以吞噬本地物种为代价的。在薇甘菊的原产地中美洲，有多达160多种昆虫和菌类作为天敌控制其生长，所以薇甘菊尽管强悍，但在原产地也难形成非常大的规模。

然而，在中国的广东，天敌消失了，它便开始肆虐。它见草粘草，见树缠树，生长速度快，用自己的身体织成一张大网，然后兜头兜脑地罩住其他植物，导致其快速死亡。而且，薇甘菊的籽特别微小，只有0.1毫克，可以随风飘散。事实上，不仅是在华南植物园，在广州的白云山、深圳内伶仃岛、湛江红树林……每年因薇甘菊泛滥而给广东造成的生态经济损失在5亿～8亿元人民币。

马缨丹：天使面孔，蛇蝎心肠

（资料来源：http://www.greenvol.org/showtopic.aspx? topicid=1303&onlyauthor=1）

马缨丹外号又叫“五色梅”，有着非常美丽的花朵，淡紫、紫红、粉红、橙黄、深黄……五颜六色的花开在一株植物上，非常美丽妖艳。

因为长得好看，马缨丹当年是作为一种观赏性的绿化植物从巴西引入广东。今天，在广州白云山的路边、草地、灌木丛中，甚至是在广州市区的高架桥上，你随处都可能遇见马缨丹。然而，当人们禁不住为它妩媚的花朵发出阵阵惊叹的时候，却很少有人知道，它的盛开，也是以绞杀本地土著植物为基础的。

和其他来自美洲的入侵植物一样，马缨丹也具有非一般旺盛的生命力和繁殖力，当它和广东本地一些与它生态习性相似的原生植物竞争时，就会轻而易举地为自己争取到生存的空间。

马缨丹花朵艳丽，蜜源丰富，能吸引各种昆虫上门，纷纷来替它传粉做媒。而土著植物却因为昆虫改变了采蜜的对象，从而授粉的机会大大减少，子代数量也会跟着递减。经过长时间的恶性循环，许多本地原生植物，便有可能灭绝消失，某些依赖这种植物而生存的生物部落，也可能因此而没落，使得原本稳定的生态系统被破坏肢解。

同时，外表妩媚漂亮的马缨丹实际上还是一种有毒植物，牛、马、绵羊及狗等动物以及人类，摄食叶片或果实均可中毒。因此，马缨丹可以说是来自异域的“妖姬”。天使面孔，蛇蝎心肠。

对付入侵植物的方式

（资料来源：http://www.greenvol.org/showtopic.aspx? topicid=1303&onlyauthor=1）

通常，对付入侵植物有三种方式：

物理方式：也就是砍、拔，但是此种方式很难做到斩草除根；

化学方式：喷射化学药物，但可能会伤及无辜，甚至造成二次污染；

第三种方式则是生物防治，即利用自然界本身的力量。

广东地区头号“植物杀手”薇甘菊，目前就遇上了本地物种的抵抗，这种奋起抵抗的“本地土著”就是常见的菟丝子。薇甘菊和菟丝子之间的关系，仿佛是一出植物界的“螳螂捕蝉，黄雀在后”。科学家们发现，如果在薇甘菊周围种植菟丝子，其幼苗就会牢牢地缠绕薇甘菊的枝茎，深入薇甘菊表皮吸走水分和营养，导致薇甘菊死亡，而其他土著乔木、灌木则丝毫不会受到影响。

植物界中这一扩张与反扩张的现象值得研究。问题是，菟丝子的生长速度没有薇甘菊快，所以需要进一步激发它的“潜能”。有专家表示，国内外曾经发生过引进天敌对付“植物杀手”，反而造成新物种入侵的先例。因此，如果大量种植菟丝子会不会也构成危害呢？

管氏肿腿蜂是松材线虫的天敌。这种个头小小的、类似蚂蚁的管氏肿腿蜂可以通过寄生在中间宿主松墨天牛（又称松褐天牛）身上（在我国，传播松材线虫的主要媒介是松墨天牛），进而杀死它，来阻止松材线虫病的传播。这也是省、市森林防治检疫部门多年来一直摸索出来的较成功的防治方法之一，即生物防治。

市林业部门就曾专门放出400万只肿腿蜂袭杀松墨天牛。然而，面对目前大片出现的病树，市森林防治检疫部门无奈地称：“生物神兵效果有限，因为它们毕竟要受气候、森林环境、肿腿蜂的寄生能力等多种因素影响。”

松材线虫病在广州最早出现于2001年。一年中，大片松林往往有三个发病峰期，5～6月是波前峰期，8～9月形成顶峰期，11～12月是尾峰期。

为有效防治这种松树天敌，省、市森林防治检疫部门这些年除采取生物防治外，还大量使用了物理防治、化学防治及定期清理病死树等多种措施来治理森林虫害。目前，在所有5万亩的松材线虫发病区，都已悬挂了诱捕器，以诱捕松墨

天牛。在从化温泉区，为保护当地的古树名木，甚至对300多株松树进行了吊瓶治疗，在距树根1米左右的树干上打洞，然后为树注射一种叫松线光的防治药物。“使用这种方法治疗一棵树平均要花数百元人民币，大面积推广不太可能”，市林业部门解释。截至目前，三年来，广州市林业部门已为防治松材线虫共投入了1000万元。

外来物种入侵。请点击http://v.youku.com/v_show/id_XMTM3MzE2NTY=.html链接，打开资源。

三、探究（Inquiry）

本课中的“小动物”“小植物”看起来是不是很霸道啊？你还能找到其他霸道的“小动物”或“小植物”吗？请各小组组长带领组员一起去探究吧！

1.“生物入侵”小组活动记录表

表2-13 “生物入侵”小组活动记录表

学校________ 班级________ 组别________

研究主题		
出席情况	按时出席	
	迟到	
	缺席	
活动地点		
小组活动目的		
交流、讨论的主要内容		
查阅、学习的资料		
本次活动小结		

续上表

下一步 活动安排 与准备	
小组长 对本次活动的 评价	组长签字：__________
指导老师 （家长）建议	指导老师（家长）签字__________

2. “生物入侵”综合实践活动访谈表

表 2－14 “生物入侵”综合实践活动访谈表

学校______________ 班级______________ 组别______________

<table>
<tr><td>小组研究主题</td><td colspan="3"></td></tr>
<tr><td>访问者（学生）：</td><td></td><td>被访问者</td><td></td></tr>
<tr><td>工作单位：</td><td>职务（职称）：</td><td colspan="2">专业（专长）：</td></tr>
<tr><td>访问日期：</td><td>地点：</td><td colspan="2">方式：</td></tr>
<tr><td colspan="4">访问主题：</td></tr>
<tr><td colspan="4">访问主要记录：</td></tr>
<tr><td colspan="4">结论（专家意见、简意）：</td></tr>
<tr><td colspan="4">访问时间：_____ 分钟_____

签名（专家）____________</td></tr>
</table>

3. “生物入侵”观察活动记录表

表 2－15 “生物入侵”观察活动记录表

学校＿＿＿＿＿＿　班级＿＿＿＿＿＿　组别＿＿＿＿＿＿

观察记录区	
入侵植物（动物）名称	
生长地点	
原产地	
入侵省份	
入侵时间及地点	
传播途径	
形态特征	
我们的结论或思考	
资料展示区	

四、分享（Sharing）

1. 完整成果大亮相

比一比，看哪个小组的完整成果最优秀。

2. “生物入侵”活动评价总表

表 2－16 “生物入侵”活动评价总表

学校________ 班级________ 姓名________

<table>
<tr><td>姓名</td><td colspan="2"></td><td>我的小组</td><td></td><td>指导教师</td><td colspan="3"></td></tr>
<tr><td rowspan="2">评价主体</td><td colspan="4" rowspan="2">评价要点</td><td colspan="4">评价等级（打√）</td></tr>
<tr><td>好</td><td>较好</td><td>一般</td><td>需努力</td></tr>
<tr><td rowspan="5">学生自评</td><td colspan="4">1. 积极参加阅读、探究、分享等活动</td><td></td><td></td><td></td><td></td></tr>
<tr><td colspan="4">2. 会用多种方法搜集、处理信息</td><td></td><td></td><td></td><td></td></tr>
<tr><td colspan="4">3. 重视合作，努力完成自己承担的任务</td><td></td><td></td><td></td><td></td></tr>
<tr><td colspan="4">4. 本次活动的收获</td><td></td><td></td><td></td><td></td></tr>
<tr><td colspan="4">想说的话：</td><td></td><td></td><td></td><td></td></tr>
<tr><td rowspan="3">组员评价</td><td colspan="4">1. 按计划参加小组的每一次活动</td><td></td><td></td><td></td><td></td></tr>
<tr><td colspan="4">2. 在各阶段活动中与小组成员愉快地分工合作</td><td></td><td></td><td></td><td></td></tr>
<tr><td colspan="4">想说的话：</td><td></td><td></td><td></td><td></td></tr>
<tr><td rowspan="4">家长评价</td><td colspan="4">1. 孩子对活动感兴趣</td><td></td><td></td><td></td><td></td></tr>
<tr><td colspan="4">2. 孩子的知识面拓宽了，综合运用知识能力得到提高</td><td></td><td></td><td></td><td></td></tr>
<tr><td colspan="4">3. 孩子的探究、创新意识得到增强</td><td></td><td></td><td></td><td></td></tr>
<tr><td colspan="4">想说的话：</td><td></td><td></td><td></td><td></td></tr>
<tr><td rowspan="4">教师评价</td><td colspan="4">1. 学生能主动发现问题，提出问题，寻求解决问题的方法</td><td></td><td></td><td></td><td></td></tr>
<tr><td colspan="4">2. 学生乐于合作，勤于实践，善于反思</td><td></td><td></td><td></td><td></td></tr>
<tr><td colspan="4">3. 学生的主体性得到一定发挥，高级思维有所产生</td><td></td><td></td><td></td><td></td></tr>
<tr><td colspan="4">想说的话：</td><td></td><td></td><td></td><td></td></tr>
</table>

3. 评选优秀小组和组员（请说出推选理由）

第十四章

云的奥秘

古谚云，朝霞不出门，晚霞行千里。

古人曰：云就像是天气的招牌，天上挂什么云，就将出现什么样的天气。你信吗？看云识天气，你想尝试吗？

让我们一起去看云。

更有趣的是，很多文章、诗歌曾描写云，云竟然能代表心情。用云的变化来表现情绪的变化，你探究过吗？

让我们一起来写云。

一、引言（Introduction）

为什么有的人会看云识天气？其中藏着什么奥秘？唐诗中为什么单单提及“云”的古诗就有11471首？“白云朵朵”和“乌云密布”描写的心情是一样的吗？孩子们，这一切是多么有趣啊！快来展开探究之旅吧！

二、阅读（Reading）

“专题阅读”内容：《火烧云》《谚语》《看云识天气》。

请大家先认真阅读，接着在每篇文章后面开展“提问”和“答题”活动（不能自问自答哦）。最后，老师将根据提问的数量、质量评选“问题专家”，根据答题的数量、质量评选“解题专家”。看看哪些同学能够戴上“专家帽”。加油！

火烧云

晚饭过后，火烧云上来了，霞光照得小孩子的脸红红的。大白狗变成红的了，红公鸡变成金的了，黑母鸡变成紫檀色的了。喂猪的老头儿在墙根靠着，笑盈盈地看着他的两头小白猪变成小金猪了。他刚想说："你们也变了……"旁边走来个乘凉的人对他说："您老人家必要高寿，您老是金胡子了。"

天上的云从西边一直烧到东边，红彤彤的，好像是天空着了火。

这地方的火烧云变化极多。天空中一会儿红彤彤的，一会儿金灿灿的，一会儿半紫半黄，一会儿半灰半百合色。葡萄灰，梨黄，茄子紫，这些颜色天空都有，还有些说也说不出来、见也没见过的颜色。

一会儿，天空出现一匹马，马头向南，马尾向西。马是跪着的，像等人骑上它的背，它才站起来似的。过了两三秒钟，那匹马大起来了，马腿伸开了，脖子也长了，尾巴可不见了。看的人正在寻找马尾巴，那匹马变模糊了。

忽然又来了一条大狗。那条狗十分凶猛，它在前边跑着，后边似乎还跟着好几条小狗。跑着跑着，小狗不知跑到哪里去了，大狗也不见了。

接着又来了一头大狮子，跟庙门前的石头狮子一模一样，也那么大，也那样蹲着，很威武很镇静地蹲着。可是一转眼就变了。再也找不着了。

一时恍恍惚惚的，天空里的云又像这个又像那个，其实什么也不像，什么也看不清了。必须低下头，揉一揉眼睛，沉静一会儿再看。可是天空偏偏不等待那些爱好它的孩子。一会儿工夫，火烧云下去了。

谚　语

（资料来源：http://zhidao.baidu.com/link?url=3ZDp2LNaid7qAM-esFA0L6kSqI6_751nLfz0kR12369ycraI07d5VQki102b5DsDs8zlio8Nhr8Co8uhTvLHS_）

天上钩钩云，地上雨淋淋。天有城堡云，地上雷雨临。
天上扫帚云，三天雨降淋。早晨棉絮云，午后必雨淋。
早晨东云长，有雨不过晌。早晨云挡坝，三天有雨下。
早晨浮云走，午后晒死狗。早雨一日晴，晚雨到天明。
今晚花花云，明天晒死人。空中鱼鳞天，不雨也风颠。
天上豆荚云，不久雨将临。天上铁砧云，很快大雨淋。

老云结了驾，不阴也要下。云吃雾有雨，雾吃云好天。
云吃火有雨，火吃云晴天。乌云接日头，半夜雨不愁。
乌云脚底白，定有大雨来。低云不见走，落雨在不久。
西北恶云长，冰雹在后晌。暴热黑云起，雹子要落地。
黑云起了烟，雹子在当天。黑黄云滚翻，冰雹在眼前。
黑黄云滚翻，将要下冰蛋。满天水上波，有雨跑不脱。

看云识天气

天上的云，姿态万千、变化无常：有的像羽毛，轻轻地飘在空中；有的像鱼鳞，一片片整整齐齐地排列着；有的像羊群，来来去去；有的像一团大棉絮，满满地盖住了天空；还有的像峰峦，像河川，像雄狮，像奔马……它们有时把天空点缀得很美丽，有时又把天空笼罩得很阴森。刚才还是白云朵朵，阳光灿烂；一霎间却又是乌云密布，大雨倾盆。云就像是天气的“招牌”，天上挂什么云，就将出现什么样的天气。

经验告诉我们：天空的薄云，往往是天气晴朗的象征；那些低而厚密的云层，常常是阴雨风雪的预兆。

图2－9
（图片来源：千图网）

那最轻盈、站得最高的云，叫卷云。这种云很薄，阳光可以透过云层照到地面，房屋和树木的影子依然很清晰。卷云丝丝缕缕地飘浮着，有时像一片白色的羽毛，有时像一块洁白的绫纱。如果卷云成群成行地排列在空中，好像微风吹过水面引起的粼波，这就成了卷积云。卷云和卷积云的位置很高，那里水分少，它们一般不会带来雨雪。还有一种像棉花团似的白云，叫积云，常在两千米左右的天空，一朵朵分散着，映着温和的阳光，云块四周散发出金黄的光辉。积云都在上午开始出现，午后最多，傍晚渐渐消散。在晴天，我们还会遇见一种高积云。这是成群的扁球状的云块，排列得很匀称，云块间露出碧蓝的天幕，远远望去，就像草原上雪白的羊群。卷云、卷积云、积云和高积云，都是很美丽的。

当那连绵的雨雪要来临的时候，卷云聚集着，天空渐渐出现一层薄云，仿佛蒙上了白色的绸幕。这种云叫卷层云。卷层云慢慢地向前推进，天气就要转阴。接着，云越来越低，越来越厚，隔着云看太阳和月亮，就像隔了一层毛玻璃，朦胧不清。这时的卷层云得改名换姓，该叫它高层云了。出现了高层云，往往在几个钟头内便要下雨或者下雪。最后，云压得更低，变得更厚，太阳和月亮都躲藏了起来，天空被暗灰色的云块密密层层地布满了。这种新的云叫雨层云。雨层云一形成，连绵不断的雨雪也就开始下降。

夏天，雷雨到来之前，在天空先会出现积云。积云如果迅速向上凸起，形成高大的云山，群峰争奇，耸入天顶，就变成了积雨云。积雨云越长越高，云底慢慢变黑，云峰渐渐模糊，不一会儿，整座云山崩塌了，乌云弥漫着天空，顷刻间，雷声隆隆，电光闪闪，就会哗啦哗啦地下起暴雨来，有时竟会带来冰雹或者龙卷风。

我们还可以根据云上的光彩，推测天气的情况。在太阳和月亮的周围，有时会出现一种美丽的七彩光圈，里层是红色的，外层是紫色的。这种光圈叫做晕。日晕和月晕常常出现在卷层云上，当卷层云后面有一大片高层云和雨层云时，是大风雨的征兆。所以有“日晕三更雨，月晕午时风”的说法。说明出现卷层云，并且伴有晕，天气就会变坏。另有一种比晕小的彩色光环，叫做华。颜色的排列是里紫外红，跟晕刚好相反。日华和月华大多出现在高积云的边缘。华环由小变大，天气将趋向晴好。华环由大变小，天气可能转为阴雨。夏天，雨过天晴，太阳对面的云幕上，常会挂上一条彩色的圆弧，这就是虹。人们常说：“东虹轰隆西虹雨。”意思说，虹在东方，就有雷无雨；虹在西方，将会有大雨。还有一种云彩常出现在清晨或傍晚。太阳照到天空，使云层变成红色，这种云彩叫做霞。出现朝霞，表明阴雨天气就要到来；出现晚霞，表示最近几天里天气晴朗。所以有“朝霞不出门，晚霞行千里”的谚语。

云能够帮助我们识别阴晴风雨，预知天气变化，这对工农业生产有着重要的意义。我们要学会看云识天气，就要虚心向有经验的人学习，留心观察云的变化，在反复实践中掌握它们的规律。但是，天气变化异常复杂，看云识天气有一定的限度。我们要准确地掌握天气变化的情况。

三、探究（Inquiry）

学了本节课，你们是否跃跃欲试呢？你们是否能一眼认出天上的云呢？让各小组组长带领组员们一起探究吧！

1. 如何探究“看云识天气”

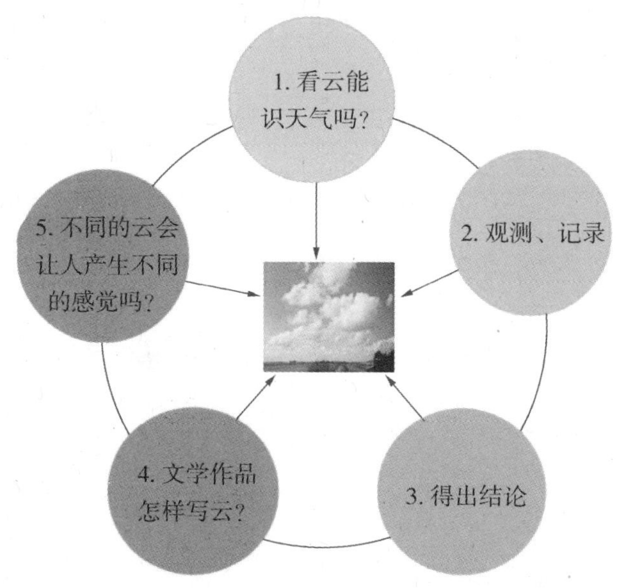

图 2 －10

2. 探究方法及工具

（1）坚持用肉眼观测云与天气的关系；

（2）记录电视上的天气预报数据，对比实际天气进行分析、判断；

（3）下载谷歌地球软件（Google Earth）查看每日云图；

（4）查看互联网的卫星云图。

3. “云的奥秘”观察活动记录表

表 2－17 “云的奥秘”观察活动记录表

学校＿＿＿＿＿＿＿ 班级＿＿＿＿＿＿＿ 组别＿＿＿＿＿＿＿

观察记录区	
观察人员	
观察地点	
观察方法	
观察时间	
对云的描述	
第二天天气描述	
想说的话	
我们的结论	
资料展示区	

4. 如何在网络搜索关于云的古诗，见图 2－11、2－12。

（1）

图 2－11

（2）

首页 :: 全唐诗库

TradeHue.com 易狐網

欢迎光临 TradeHue.com　登录 | 注册

云

热门搜索：More>>

当前位置：首页 >> 全唐诗库

全唐诗库

第001卷	第002卷	第003卷	第004卷	第005卷	第006卷	第007卷	第008卷	第009卷
第010卷	第011卷	第012卷	第013卷	第014卷	第015卷	第016卷	第017卷	第018卷
第019卷	第020卷	第021卷	第022卷	第023卷	第024卷	第025卷	第026卷	第027卷
第028卷	第029卷	第030卷	第031卷	第032卷	第033卷	第034卷	第035卷	第036卷
第037卷	第038卷	第039卷	第040卷	第041卷	第042卷	第043卷	第044卷	第045卷
第046卷	第047卷	第048卷	第049卷	第050卷	第051卷	第052卷	第053卷	第054卷
第055卷	第056卷	第057卷	第058卷	第059卷	第060卷	第061卷	第062卷	第063卷
第064卷	第065卷	第066卷	第067卷	第068卷	第069卷	第070卷	第071卷	第072卷
第073卷	第074卷	第075卷	第076卷	第077卷	第078卷	第079卷	第080卷	第081卷
第082卷	第083卷	第084卷	第085卷	第086卷	第087卷	第088卷	第089卷	第090卷
第091卷	第092卷	第093卷	第094卷	第095卷	第096卷	第097卷	第098卷	第099卷
第100卷	第101卷	第102卷	第103卷	第104卷	第105卷	第106卷	第107卷	第108卷
第109卷	第110卷	第111卷	第112卷	第113卷	第114卷	第115卷	第116卷	第117卷
第118卷	第119卷	第120卷	第121卷	第122卷	第123卷	第124卷	第125卷	第126卷
第127卷	第128卷	第129卷	第130卷	第131卷	第132卷	第133卷	第134卷	第135卷
第136卷	第137卷	第138卷	第139卷	第140卷	第141卷	第142卷	第143卷	第144卷
第145卷	第146卷	第147卷	第148卷	第149卷	第150卷	第151卷	第152卷	第153卷
第154卷	第155卷	第156卷	第157卷	第158卷	第159卷	第160卷	第161卷	第162卷
第163卷	第164卷	第165卷	第166卷	第167卷	第168卷	第169卷	第170卷	第171卷
第172卷	第173卷	第174卷	第175卷	第176卷	第177卷	第178卷	第179卷	第180卷
第181卷	第182卷	第183卷	第184卷	第185卷	第186卷	第187卷	第188卷	第189卷

图2－12

 四、 分享 （Sharing）

1. 探究大讨论：看云真的能识天气吗？（要求引用活动日记或观察表格中的分析文字）

2. 完整成果大亮相

比一比，看哪个小组的完整成果最有特色！

3. 活动评价总表

孩子们，快来看看你们的活动评价总表。希望你们能通过评价意见总结反思、取长补短、再接再厉！

表 2－18 “云的奥秘”活动评价总表

学校＿＿＿＿＿＿ 班级＿＿＿＿＿＿ 姓名＿＿＿＿＿＿

姓名		我的小组		指导教师	
评价主体	评价要点	评价等级（打√）			
		好	较好	一般	需努力
学生自评	1. 积极参加阅读、探究、分享等活动				
	2. 会用多种方法搜集、处理信息				
	3. 重视合作，努力完成自己承担的任务				
	4. 本次活动的收获				
	想说的话：				
组员评价	1. 按计划参加小组的每一次活动				
	2. 在各阶段活动中与小组成员愉快地分工合作				
	想说的话：				
家长评价	1. 孩子对活动感兴趣				
	2. 孩子的知识面拓宽了，综合运用知识能力得到提高				
	3. 孩子的探究、创新意识得到增强				
	想说的话：				
教师评价	1. 学生能主动发现问题，提出问题，寻求解决问题的方法				
	2. 学生乐于合作，勤于实践，善于反思				
	3. 学生的主体性得到一定发挥，高级思维有所产生				
	想说的话：				

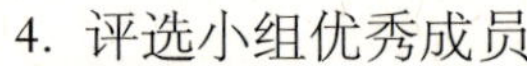

4. 评选小组优秀成员

亲爱的同学们，到了评选小组优秀成员的时候了，请根据自己的观察、参与和了解情况，评选出你心目中的优秀组员吧！

第十五章

广州地区的灰霾研究

看到广州灰蒙蒙的天空，你或许没有感觉。但是，听到“广州 50 岁以上的人的肺脏是黑色的”这句话，你还会无动于衷吗？行动起来，和我们一起加入“由阅读走向实践”的灰霾探究活动吧！

一、引言（Introduction）

中国工程院院士钟南山曾说过：“根据临床和手术统计数据显示，广州人一旦超过 50 岁，肺部就变成了黑色。如果开刀看到的肺是鲜红的，绝不是广州人！”同学们，听到这样骇人听闻的话语，你们有什么感觉？快来专题阅读栏目里了解事情的真相，进而有所行动吧！

二、阅读（Reading）

“专题阅读”内容：《面对灰霾天气，我们不能只是抱怨》《珠江三角洲遭灰霾侵袭》。

请大家先认真阅读，接着在每篇文章后面开展“提问”和“答题”活动（不能自问自答哦）。最后，老师将根据问题的数量、质量评选“问题专家”，根据答题的数量、质量评选“解题专家”。看看哪些同学能够戴上“专家帽”。加油！

广州再次遭遇灰霾天气。打开链接：http://v.youku.com/v_show/id_XMzE2NjIwODc2.html，观看录像。

面对灰霾天气，我们不能只是抱怨

（资料来源：http://news.ifeng.com/gundong/detail_2012_01/21/12115734_0.shtml）

近日我国北京等地笼罩的灰霾天气，使得被称“灰霾元凶”的空气污染物PM2.5再度受到公众广泛关注。继去年11月环保部公布《环境空气质量标准》征集意见后，近日环保部再度发声，称PM2.5防治将逐步提至议程，北京市也将PM2.5防治写入政府工作报告——一场关于PM2.5防治备受关注的行动在全国日渐展开。春节即至，燃放烟花爆竹、驱车出行等又将开始，我们中的每一个人，作为PM2.5的实施者同时也是受害者，是否也该为减少空气污染尽一份绵薄之力呢？

图2－13

珠江三角洲遭灰霾侵袭

（资料来源：新快报，2009 年 11 月 27 日）

11 月 26 日，北方的大雾、本地的灰霾，完全打乱市民的正常生活。大雾天气致使 24 个进出港航班出现不同程度的延误，过千乘客受阻；重度灰霾同样令市民措手不及，广州全城一片灰，不仅令视野模糊，连呼吸都觉得不顺畅，不少人后悔没戴口罩出街。

气象部门检测显示，广州遭遇了今年以来最严重的灰霾天气；环保局指出，空气污染指数高达 129，已属于“不适合人类居住”空气质量等级。

（1）中央气象台　重点城市空气质量日报。请点击 http://www.nmc.gov.cn/publish/environment/aq.htm 链接，打开资源。

（2）广州空气质量实时发布系统。请点击 http://www.gzepb.gov.cn/comm/apidate.asp 链接，打开资源。

（3）美国大使馆测定 PM2.5 方法 。请点击 http://epaper.syd.com.cn/syrb/html/2012-01/18/content_770344.htm 链接，打开资源。

三、探究（Inquiry）

同学们，现在你们出门会戴口罩吗？你们可以经常看到蓝天吗？你们的生活受到灰霾的影响了吗？你们想了解灰霾吗？那就请各小组组长带领组员一起研究灰霾，活动不限。

表 2－19 “广州地区的灰霾研究”小组活动方案

<table>
<tr><td>小组名称</td><td colspan="6"></td><td colspan="3">指导教师、家长</td><td colspan="2"></td></tr>
<tr><td>组长</td><td colspan="6"></td><td colspan="3">小组成员</td><td colspan="2"></td></tr>
<tr><td>活动主题</td><td colspan="11"></td></tr>
<tr><td rowspan="12">活动计划</td><td rowspan="2">活动步骤</td><td rowspan="2">成员分工</td><td colspan="5">活动形式</td><td colspan="4">成果展示</td></tr>
<tr><td>查找资料</td><td>拍照</td><td>采访</td><td>问卷调查</td><td>其他</td><td>小报</td><td>幻灯</td><td>报告</td><td>其他</td></tr>
<tr><td>1</td><td></td><td></td><td></td><td></td><td></td><td></td><td rowspan="7"></td><td rowspan="7"></td><td rowspan="7"></td><td rowspan="7"></td></tr>
<tr><td>2</td><td></td><td></td><td></td><td></td><td></td><td></td></tr>
<tr><td>3</td><td></td><td></td><td></td><td></td><td></td><td></td></tr>
<tr><td>4</td><td></td><td></td><td></td><td></td><td></td><td></td></tr>
<tr><td>5</td><td></td><td></td><td></td><td></td><td></td><td></td></tr>
<tr><td>6</td><td></td><td></td><td></td><td></td><td></td><td></td></tr>
<tr><td>7</td><td></td><td></td><td></td><td></td><td></td><td></td></tr>
<tr><td>时间安排</td><td colspan="2">活动准备阶段</td><td colspan="4">活动实施阶段</td><td colspan="4">活动总结阶段</td></tr>
<tr><td></td><td colspan="2"></td><td colspan="4"></td><td colspan="4"></td></tr>
<tr><td colspan="11"></td></tr>
<tr><td>活动需注意的问题</td><td colspan="11"></td></tr>
</table>

表 2－20 “广州地区的灰霾研究”活动记录表

<table>
<tr><td colspan="4">研究记录区</td></tr>
<tr><td>小组名称</td><td></td><td>带队（指导）家长</td><td></td></tr>
<tr><td>研究主题</td><td colspan="3"></td></tr>
<tr><td>研究地点</td><td colspan="3"></td></tr>
<tr><td>我们调查、探究前所提的问题</td><td colspan="3"></td></tr>
<tr><td>我们调查、探究的过程</td><td colspan="3"></td></tr>
<tr><td>我们的收获或思考</td><td colspan="3"></td></tr>
<tr><td colspan="4">资料展示区（可用电子文档）</td></tr>
<tr><td colspan="4">在观察、采访、调查、探究和思考的过程中，如果你们组拍摄了与主题活动有关的照片，或者查找过相关的资料，请在此粘贴照片或者收集而来的文字资料等，它们将成为你们参加交流展示活动的重要依据和成果</td></tr>
</table>

 四、分享（Sharing）

1. 完整成果大亮相

比一比，看哪个小组的完整成果最有特色！

2. 活动评价总表

孩子们，快来看看你们的活动评价总表。希望你们能通过评价意见总结反思、取长补短、再接再厉！

表2－21　“广州地区的灰霾研究”综合实践活动评价总表

学校______________　班级______________　组别______________

姓名		我的小组		指导教师	
评价主体	评价要点	评价等级（打√）			
		好	较好	一般	需努力
学生自评	1. 提出自己感兴趣的问题，自主选择小主题				
	2. 参加了资料查找活动，获得了研究方面的知识				
	3. 积极参与了小组活动方案的制定				
	4. 在小组的外出实践、成果整理或汇报活动中承担了一定的任务				
	想说的话：				
组员评价	1. 在各阶段活动中与小组成员愉快地分工合作				
	2. 通过项目活动，该同学的信息技术水平提高了				
	想说的话：				
家长评价	1. 孩子对活动感兴趣				
	2. 孩子的知识面拓宽了，综合运用知识能力得到提高				
	3. 孩子的探究、创新意识得到增强				
	想说的话：				
教师评价	1. 学生通过阅读、选题活动提出了一个以上的问题				
	2. 学生参与了小组的各阶段活动				
	3. 综合运用问卷调查、数据分析等研究方法解决问题的能力有所提高				
	想说的话：				

3. 评选小组优秀成员

亲爱的同学们，到了评选小组优秀成员的时候了，请根据自己的观察、参与和了解情况，评选出你心目中的优秀组员吧！

第十六章

追踪毒奶粉风暴

2013 年 8 月 2 日，新西兰恒天然集团（New-zealand Fonterra Cooperative Group）曝出毒奶粉事件之后，牛奶再次成为世人关注的焦点。从三鹿到蒙牛，国人已经被牛奶伤透了心。没想到，外国的牛奶也有毒。到底要去哪里找安全的牛奶呢？我们每天吃的食物又有多少是安全的？

摸底作业

请写一篇题为《毒奶粉风暴来了，我们还要不要喝牛奶》的评论文章。

一、引言（Introduction）

2013 年 8 月 2 日，新西兰恒天然集团向部分客户和出口商通报，旗下部分产品可能含有肉毒杆菌毒素。可能受污染的产品被用于婴儿配方奶粉和运动饮料的生产。此消息一出，举世哗然。

“毒奶粉风暴杀到！”香港《东方日报》6 日头版用大标题表达新西兰“染毒”奶粉对香港人的心理冲击。

这种冲击在世界多个国家及地区出现，中国、俄罗斯（Russian）、越南（Vietnam）、斯里兰卡（SriLanka）……对新西兰奶粉下达进口禁令的国家不断增多，《德国日报》（Die Tageszeitung）说，“恒天然被淹没在奶粉丑闻之中”。（资料来源：http://news.k618.cn/ztx/201308/t20130807_3654984.html）

二、阅读（Reading）

“专题阅读”内容：《新西兰恒天然乳品现肉毒杆菌》《“三鹿奶粉事件”案

例》《从“双氰胺”到“肉毒杆菌”：恒天然就这样走下“神坛”》。

新西兰恒天然乳品现肉毒杆菌

（资料来源：http://finance.people.com.cn/n/2013/0805/c66323－22442005.html）

当地时间8月2日，新西兰恒天然公司发布消息，称该公司一个工厂2012年5月生产的浓缩乳清蛋白粉检测出肉毒杆菌。

中华人民共和国国家质量监督检验检疫总局（以下简称“质检总局”）对此问题表示高度重视，立即与新西兰驻华使馆取得联系，要求新方立即采取措施，防止问题产品影响中国消费者健康；要求进口商立即召回可能受污染产品；要求各地检验检疫机构进一步加强新西兰输华乳制品的检验监管。质检总局称，将对此事继续给予关注。

恒天然一名发言人说，恒天然集团全球首席执行官史毕根斯（Pin Stake）定于3日从欧洲前往中国，向相关机构和客户通报最新情况。史毕根斯表示，集团将尽全力协助这8家客户进行检查，确保受感染的产品从市场收回，同时让公众知情，如果已经卖出就退货。

新闻背景

恒天然被视作全球第四大乳制品企业，占新西兰国内大约9成市场份额，年收益大约160亿美元。

这是这家企业今年（2013年）以来第二起产品“受污”事件。今年1月，新西兰初级产业部宣布，恒天然生产的奶粉中被检测出含有微量双氰（qīng）胺（ān）。

恒天然2005年与中国当时的三鹿集团签署合资协议，注资8.6亿元人民币收购三鹿43%股份。次年，双方的合资公司正式运营。2008年，三鹿奶粉曝出“三聚氰胺事件”。

《新西兰先驱报》（New Zealand Herald）报道，就在这次肉毒杆菌污染事件前，恒天然正准备在中国市场推出自己品牌的婴儿奶粉“安满”（Anmum）。这家企业6月份表示，新品牌奶粉将首先在北京、上海和广州销售，如果开局顺利，将扩至中国其他地方市场。

名词解释

1. 肉毒杆菌

肉毒杆菌是一种生长在常温、低酸和缺氧环境中的革兰氏阳性细菌。肉毒杆菌在不正确加工、包装、储存的罐装食品或真空包装食品里都能生长。肉毒杆菌食物中毒在临床上以恶心、呕吐及中枢神经系统症状如眼肌、咽肌瘫痪为主要表现，中毒者如抢救不及时，病死率较高。

2. 浓缩乳清蛋白

浓缩乳清蛋白是使用超滤技术浓缩乳清中的蛋白质，然后干燥制成的可溶性粉末，被广泛用于婴儿奶粉、儿童成长奶粉和运动饮料中。目前，新西兰是世界上最大的浓缩乳清蛋白粉生产国。

头脑风暴：

1. 你知道本报道中提到的“8 家客户”是哪些客户吗？如果不知道，你准备采用什么办法获得答案？

2. 猜一猜：国家质检总局为什么没有检测出新西兰恒天然的产品“受污”？

“三鹿奶粉事件”案例

（资料来源：http://www.ycwb.com/news/2008-09/12/content_1971956.htm）

今年 7 月，从江西到东莞打工的张先生发现，他 7 个月大的孩子张卓宇哭闹不停，于是到当地医院对孩子进行了全身检查，结果发现是两边都有大的肾结石，其中右肾的结石卡在输尿管上，已经引起肾积水。随后张先生带孩子来到珠江医院求诊，接诊的儿科中心副主任医师王斌马上感觉到事态不正常——之前他们刚刚接到一起类似病例，而儿科中心过去 10 年里都没接诊过一岁内的肾结石病例！

王斌说，当时肾结石的原因没有找到，两个不到一岁的婴儿接受手术后都离开了医院。昨晚看到新闻后，他开始高度怀疑这两起病例都与三鹿奶粉有关。

今天上午，记者联系到已经回到东莞的张卓宇的父亲，张先生非常肯定地告诉记者，孩子一出生就吃今年刚换成绿色外包装的三鹿贝贝奶粉，之前在东莞的大超市买罐装，到了珠江医院后，因为携带不方便，就买袋装的，住院期间就吃了 6 袋，48 元一袋。

“孩子从检查到手术前后花了 4 万元，这些钱都是借的……”张先生说，现

图 2 －14

本漫画来自：http://blog.sina.com.cn/s/blog_518b10630100b3p3.html)

在孩子的右腰有一条两寸长的伤口，医生说一次不好同时开刀动两边的手术，所以左边肾结石还没取出。“我们原先想着三鹿奶粉是最好的，所以省吃俭用也要买正牌，没想到害了孩子！”

卫生部今天上午发出通知，要求各地立即统计辖区内医疗机构接诊与食用三鹿牌婴幼儿配方奶粉相关的患病婴幼儿情况，并于今天下午5时前上报。

头脑风暴：

1. 报道中的王医生找到婴儿患肾结石的原因了吗？
2. 卫生部为什么要通知各地上报相关的患病婴幼儿情况？

从“双氰胺”到“肉毒杆菌”：恒天然就这样走下“神坛”

（资料来源：http://finance.people.com.cn/n/2013/0804/c1004－22437786.html）

新西兰初级产业部2013年8月3日宣布，新西兰乳制品巨头恒天然集团旗下部分产品可能含有肉毒杆菌毒素，受污染的产品在中国市场上已经流入了娃哈哈、上海市糖业烟酒集团以及多美滋公司。恒天然2013年以来多次发生负面新闻，在过去的8个月内连续涉及双氰胺、国家发展改革委反垄断调查等事件。

中国农业大学食品科学与营养工程学院副教授朱毅分析指出，目前全世界乳粉中都没有关于肉毒杆菌的限量标准。尽管肉毒杆菌对成人和1岁以上的儿童并没有太大的影响，但对1岁以下的婴儿存在较大威胁。由于1岁以内的婴儿肠道微生态屏障还没有完全形成，正常菌群还不够强健，因此肉毒杆菌的芽孢进到婴儿的肠道内之后，它有可能生根繁殖，释放出毒素，毒素进入到血液以后有可能导致孩子神经痉挛或麻痹。

临床上也有1岁以内的婴儿使用被肉毒杆菌污染的食物中毒的案例，其中半岁以内的婴儿、处于转奶或者添加更改辅食阶段的婴儿属于“高危”。

朱毅说，值得注意的是，被肉毒杆菌污染的食物需要在120℃加热10分钟后才能被消灭，而家庭在冲泡奶粉的时候往往使用的都是温水，起不到相应的杀菌作用。

无论是导致中国乳业受到巨大冲击的三聚氰胺事件，还是2013年初的双氰胺事件，或是近期中华人民共和国国家发展与改革委员会（以下简称“国家发改委”）针对数家奶粉企业提出的反垄断调查，恒天然都“榜上有名”，仅在2013年的前8个月里就发生了3起负面事件。

2013年1月，新西兰第一产业部官员证实，在新西兰出产的小部分牛奶和奶粉中（主要涉及恒天然的产品）检测出双氰胺化学残留物。

值得注意的是，早在2012年9月，恒天然在对牛奶进行抽检时，就已经发现有少量牛奶和奶粉中含有少量双氰胺化学残留物。

而在不久前国家发改委向多家奶粉企业提起的反垄断调查中，身为美赞臣（Meadjohnson）、多美滋（Dumex）等奶粉企业合作伙伴的恒天然也“黑榜有名”。乳业专家王丁棉分析指出，虽然美赞臣、多美滋等外资品牌比较强势，但任何一个厂家的市场份额都没有超过20%。对比恒天然，虽然自有品牌市场占有率不高，但其不仅在进口奶粉原料上具有绝对的话语权，还为很多其他品牌进行代工生产，对中国婴幼儿乳品市场的影响不容小觑。

事实上，早在2010年，美国全国牛奶生产者联合会就曾经向美国国际贸易委员会（United States International Trade Commission）申诉，恒天然在美国存在“严重的反竞争行为”。这一组织认为，作为控制超过新西兰90%奶源的巨头，意味着“我们简直是跟一个垄断力量在对抗”。

一个更值得回味的细节是，2005年，恒天然与中国的三鹿集团签署合资协议，注资8.6亿元人民币收购三鹿43%股份。次年，双方的合资公司正式运营。2008年，三鹿奶粉曝出“三聚氰胺事件”倒闭，恒天然在华投资也由此受到重创。

恒天然集团发布的声明中说，企业在2013年3月的一次检查中发现，2012年5月在新西兰本地一家工厂生产的产品涉嫌被污染。3月份即检测到食品安全风险，为何拖到8月才公布？

舆论认为，发生可能的食品污染问题之后是第一时间减少对消费者的损害、通知客户进行回收，还是任由可能出现问题的产品流向市场，恒天然的选择耐人寻味。

事实上，2013年以来外资奶粉频频发生食品安全事件。仅在2013年4月，国家质检总局公布的进境食品、化妆品不合格信息中就涉及8400多吨奶粉，不合格奶粉来自新西兰、澳大利亚、智利和韩国，不合格的项目包括铜含量、维生素B12、胆碱、维生素B6等含量不符合国家标准要求。

朱毅指出，国外的乳品质量并非铁板钉钉，消费者盲目迷信国外品牌的心态亟待改变。消费者应该建立更为科学的消费观，科学合理地选择婴幼儿食品。

上海大学教授顾骏认为，“洋奶粉”跌下“神坛”的事实警示中国的乳制品企业，更需要潜下心来重建信心体系，同时通过透明化生产过程等手段向国人证明自己产品的品质，增强高端消费市场竞争力，加大对进口奶粉的替代力度。

头脑风暴：

1. 3月份即检测到食品安全风险，为什么恒天然集团拖到8月才公布？
2. 请解释并评价一下这个断言：“洋奶粉”跌下“神坛”是个事实。

（1）新西兰毒奶粉事件。请点击 http://news.china.com/focus/xxldnf/ 链接，打开资源。

（2）新西兰恒天然原料产品检出肉毒杆菌。请点击 http://www.iqiyi.com/v_19rrifwoh0.html 链接，打开资源。

三、探究（Inquiry）

1. 如何设计有价值的采访问题

记者最常做的事情就是采访，写报道稿。请认真阅读下面的新闻稿，看看《半岛晨报》的王记者带着一个什么问题去采访专家？围绕这个主要问题，他分解出了哪些次要问题，问题与问题之间的排列有没有逻辑顺序？看完后，你有没有什么建议给他？

“三聚氰胺”事件后还要不要喝牛奶

（资料来源：http://news. lnd. com. cn/htm/2008 -11/03/content_382107. htm）

牛奶一直是老百姓日常生活中不可缺少的食品，可自从2012年9月以来发生的部分奶制品中被检出三聚氰胺的事件被曝光以后，许多老百姓的餐桌上已经再也看不到牛奶了。那么，我们今后还要不要喝牛奶？有其他食物能够代替牛奶吗？怎样看待三聚氰胺的毒性与安全性？就这些问题记者采访了中国保健协会食物营养与安全委员会理事、营养学教授刘政。

记者：现在许多人早餐已经不再喝牛奶了，大家都觉得为避免食品安全隐患还是不喝为好，您怎样看这个问题？牛奶到底对人体有何益处呢？

刘政：我认为牛奶还是应该喝。牛奶含有100多种对人体有益的物质，营养价值极高，人体需要的所有营养素几乎都能在牛奶中找到。它的优质蛋白质含有18种人体需要的氨基酸，不只消化吸收率高，利用率也高，达96.1%。牛奶含有的亚油酸、亚麻酸和卵磷脂对于预防高血压、糖尿病有重要的意义，其消化吸收率高达97%，牛奶中的矿物质与维生素不仅种类齐全，而且含量丰富，特别是含钙量居人类食物之首，每百克牛奶的钙含量为102～120毫克。它含有乳铁蛋白、免疫球蛋白、生长因子、牛磺酸等多种生理活性物质，具有促进生长、调节免疫、延缓衰老、抑制有害微生物生长等作用。

国内外的营养学家普遍认为，牛奶是人类理想的天然食物。所以，中国营养学会根据我国居民普遍存在的营养问题，在2008年1月颁布的《中国居民膳食指南》中明确提出，每天都要喝牛奶。

记者：想了解一下，用其他食物能够代替和牛奶一样的营养价值吗？比如豆浆、豆奶等？

刘政：牛奶的保健作用不能为其他食物所完全取代。牛奶中的营养成分消化和利用率之高在食物中是少见的。肉蛋类与大豆制品的蛋白质含量也高，但利用率却不如牛奶高。因其营养成分很全面，且易消化，因此，它是得不到母乳喂养的婴儿和断奶后婴幼儿的最佳食物。缺乏母乳喂养的婴儿如果不用牛奶喂养，而用米汤、面糊或其他食物代替母乳，都将影响孩子的身心发育，导致不可逆的损害。这也即是婴幼儿奶粉在国内外走俏的原因。

牛奶是人类最好的钙供应源，它的钙含量很高。中国人普遍缺钙，缺钙影响儿童长高和增加成人发生骨质疏松症的风险。如果每天喝500克牛奶，人便能从

中大致获得钙需要量的一半，也就能避免缺钙。牛奶的这一作用是其他任何食物不能替代的。

豆浆与豆奶不能代替牛奶，除了以上原因外，还在于牛奶具有独特的免疫调节功能，能防控有害微生物感染和预防肥胖、高血压等疾病，是不能忽视的一种食物。

记者：该怎样看待三聚氰胺的毒性与安全性呢？现在大家一提到“三聚氰胺”就像提到当年的“苏丹红”一样，异常敏感，对食品安全事件高度关注。

刘政：任何一种外来化合物是否会损害人体健康，都取决于量的大小。三鹿奶粉事件的受害者，都是1岁以内的婴儿。主要原因是婴儿的食物品种单一，将奶粉当饭吃，摄入的三聚氰胺的相对量很大。而奶粉恰恰是不法商贩大量加入三聚氰胺的奶制品，加入量远远大于液态奶，有的产品的加入量高达每公斤2000毫克，摄入量远超过0.63毫克/千克体重的耐受量大标准。所以应理性看待。

从理论上说，在食品中发现任何一点点有毒有害物质，都是不允许的。然而，因为种种原因，即便排除不法商贩有意向食品中违规投入，比如在饲料的成分中混入，又比如，在盛装容器和其他环境因素中含有，都有可能有一定影响，所以，消费者对待食品的安全性和理智消费，也应该有全面权衡利弊的态度。那种因为对牛奶中可能存在的三聚氰胺不放心，而忽视了牛奶的营养与保健作用的态度，是不可取的。倘若因之而放弃喝牛奶，则是因噎废食，无异于因为害怕车祸就拒绝乘车一样，不应因为三聚氰胺而由此放弃了喝牛奶。

请以“回复”的形式参加下面问题的讨论。你一定行的！

1. 王记者带着一个什么问题去采访专家？围绕这个主要问题，他分解出了哪些次要问题，问题与问题之间的排列有没有逻辑顺序？

2. 看完这篇采访稿后，你有没有什么建议给王记者？

3. 如果要你以这篇稿子为参考文献，写一篇题为《毒奶粉风暴来了，我们还要不要喝牛奶》的评论文章，你的写作提纲将是怎样的？

2. 我们还可以开展哪些探究活动？（表格参照“第十五章　广州地区的灰霾研究”）

请贡献你的金点子：我们可以开展哪些探究活动？

 四、分享（Sharing）

1. 完整成果大亮相

比一比，看哪个小组的完整成果最有特色！

2. 综合实践活动评价总表

孩子们，快来看看你们的活动评价总表。希望你们能通过评价意见总结反思、取长补短、再接再厉！

表 2－22 “追踪毒奶粉风暴”综合实践活动评价总表

学校________ 班级________ 姓名________

<table>
<tr><td>姓名</td><td></td><td>我的小组</td><td></td><td>指导教师</td><td colspan="3"></td></tr>
<tr><td rowspan="2">评价主体</td><td rowspan="2" colspan="3">评价要点</td><td colspan="4">评价等级（打√）</td></tr>
<tr><td>好</td><td>较好</td><td>一般</td><td>需努力</td></tr>
<tr><td rowspan="5">学生自评</td><td colspan="3">1. 提出自己感兴趣的问题，自主选择小主题。</td><td></td><td></td><td></td><td></td></tr>
<tr><td colspan="3">2. 参加了资料查找活动，获得了研究方面的知识。</td><td></td><td></td><td></td><td></td></tr>
<tr><td colspan="3">3. 积极参与了小组活动方案的制定。</td><td></td><td></td><td></td><td></td></tr>
<tr><td colspan="3">4. 在小组的外出实践、成果整理或汇报活动中承担了一定的任务。</td><td></td><td></td><td></td><td></td></tr>
<tr><td colspan="3">想说的话：</td><td></td><td></td><td></td><td></td></tr>
<tr><td rowspan="3">组员评价</td><td colspan="3">1. 在各阶段活动中与小组成员愉快地分工合作。</td><td></td><td></td><td></td><td></td></tr>
<tr><td colspan="3">2. 通过项目活动，该同学的信息技术水平提高了。</td><td></td><td></td><td></td><td></td></tr>
<tr><td colspan="3">想说的话：</td><td></td><td></td><td></td><td></td></tr>
<tr><td rowspan="4">家长评价</td><td colspan="3">1. 孩子对活动感兴趣。</td><td></td><td></td><td></td><td></td></tr>
<tr><td colspan="3">2. 孩子的知识面拓宽了，综合运用知识能力得到提高。</td><td></td><td></td><td></td><td></td></tr>
<tr><td colspan="3">3. 孩子的探究、创新意识得到增强。</td><td></td><td></td><td></td><td></td></tr>
<tr><td colspan="3">想说的话：</td><td></td><td></td><td></td><td></td></tr>
</table>

续上表

<table>
<tr><td>姓名</td><td></td><td>我的小组</td><td></td><td>指导教师</td><td colspan="3"></td></tr>
<tr><td rowspan="2">评价主体</td><td colspan="3" rowspan="2">评价要点</td><td colspan="4">评价等级（打√）</td></tr>
<tr><td>好</td><td>较好</td><td>一般</td><td>需努力</td></tr>
<tr><td rowspan="4">教师评价</td><td colspan="3">1. 学生通过阅读、选题活动提出了一个以上的问题。</td><td></td><td></td><td></td><td></td></tr>
<tr><td colspan="3">2. 学生参与了小组的各阶段活动。</td><td></td><td></td><td></td><td></td></tr>
<tr><td colspan="3">3. 综合运用问卷调查、数据分析等研究方法解决问题的能力有所提高。</td><td></td><td></td><td></td><td></td></tr>
<tr><td colspan="3">想说的话：</td><td></td><td></td><td></td><td></td></tr>
</table>

3. 结课作业

学完本课程之后，你一定对毒奶粉事件有了深刻的认识，对“今后要不要喝牛奶”问题有自我的解答。请认真修改你的《毒奶粉风暴来了，我们还要不要喝牛奶》评论文章，再发到这里。期待你本文的水平更上一层楼！

4. 评选优秀学员

请根据大家在课程上的学习表现，推荐自己心目中的优秀学员。谢谢！

案例回眸：生物入侵

江　梅

2009 年暑假，《羊城晚报》用较大篇幅报道了外来物种入侵广东的情况，所描述的现状引人注目、发人深省。在百度中搜索“生物入侵”，可以获得不少相关信息。新华网《400 多外来物种入侵中国　生物安全问题严重》一文指出，外来入侵物种每年造成我国经济损失 2000 亿元！这个天文数字让人震惊。资料显示：中国已成为遭受外来生物入侵最严重的国家之一。当前我国外来生物入侵正呈现出侵入数量增多、频率加快、蔓延范围扩大、发生危害加剧、经济损失加重的趋势。所以，我决定联合鸢尾花项目组的部分成员，把关注目光锁定在“外来入侵物种”这一研究主题。希望我们的学生通过老师创设的情境，踊跃质疑、自主选题，并由研究主题走向阅读和探究活动：阅读了解本地入侵生物的知识，通过观察、访谈等实践活动，思考入侵生物给本地生态环境造成的灾难及应对之策；通过宣传入侵物种的危害性，使周围的人们认识到防范外来物种入侵是每一位公民义不容辞、刻不容缓的责任。

经过两个多月的努力，“生物入侵”主题活动顺利结束了。众所周知，这次跨地域活动并没有完全实现最初的“五校联合”美好设想。但是，我和江阴的包士娟老师由始至终扎实地开展了本次主题实践活动。活动前期，我俩通过鸢尾花 Q 群的交流和沟通，吸引了不少老师的关注，更得到了部分老师的帮助。张家港的黄利锋老师，就是因这种热烈的研讨氛围而加入活动实施中。可惜的是，活动中后期，我被区教研室聘为小学综合实践特约教研员，忙于青年老师教学基本功大赛及教研组织等相关工作，无暇顾及跨地域的互通及协作事宜，致使我和包老师的再度“牵手”，不能像“秋天的叶子”那样熠熠生辉。

不过，就自己班的实践来看，我仍可以自豪地说，“生物入侵”综合实践活动案例的实施，在综合实践活动课程的资源建设与应用方面亦是做出了有益的探索，拓展了新课程资源开发的视野。与“秋天的叶子”活动相似，本案例资源建设模式中，综合实践活动课程与语文、科学、信息技术等学科课程形成有机整体，教师、学生、家长及社会人员（主要是学有所成的博士们）多方积极参与。在一系列实践活动的开展中，在各种丰富多彩活动的真切体验中，学生综合素养的提高，辩证思维（尤其是创新思维）的激发，都是自然而然、水到渠成的事情。

例如，在《马缨丹的自述》儿童话剧中，孩子们这样交流：据说为了铲除我，世界各国都想了不少办法，比如美国就花了几百万美元用于寻找控制我的生物试剂。其实人们也没有必要这样对我。我不是有利有弊吗？那就扬长避短，让我充分发挥我的长处，把我采去做药吧！或者好好研究我对害虫的忌避作用，用我的提取物来对付各种病虫害。带着入侵生物的帽子，我想替我的同伴说句公道话：我们的入侵都是你们人类造成的。就像白云山的那个工作人员说的那样，你们人类才是地球最大的入侵者！你们侵扰本土植物，严重破坏生物多样性之后，又想当然地把我们随意带入，这才造成了生物入侵这样的后果。王博士说得没错，无论是绿化，还是观赏，更多地采用本地物种才是最安全的。预防胜于治理，防患于未然的最好办法就是：别把我们随意地带来带去。谁想背井离乡，远渡重洋，来到陌生的地方之后，又被冠以“入侵生物”的头衔被赶尽杀绝？

在“七喜飞天”组的汇报 PPT 里，组员们也提到，我们的新发现：水葫芦的花和嫩叶可以作为蔬菜直接食用；水葫芦可以做成盆景；水葫芦制成饲料或用作复合肥的原料；水葫芦可以净化污水……水葫芦其实不是百害而无一利的，我们完全可以变废为宝！

一直以来，锻炼学生的质疑和探究能力，提升他们的创新意识，是我们鸢尾花课程实施的既定总体目标。但是，不曾想到，参加“生物入侵”活动，一些孩子们却还有如此令人惊喜、意外的收获。上述活动过程中所生成的全面的、辩证的、科学的思考问题方式，对学生今后的人生发展显得弥足珍贵。

“生物入侵”主题活动实施期间，大部分学生都撰写了活动日记，有的孩子还有感而发地写小诗抒发研究感慨，那童真的语言、奇特的思维，令人眼前一亮。学生写作水平的提高，与他们的主题情境阅读及有效实践分不开。根据学生整理的各类活动成果和交流汇报来看，学生参加本次活动后的信息素养、阅读素养、科学素养、观察探究、调查分析的意识和能力都得到了一定程度的提高。当学生学习整理成果的方法，收集数据、制作成果并进行交流后，有的小组发现，通过组员们合作完成的研究成果是如此的丰硕！有的小组雀跃着地去外班进行宣传活动时，组员们表现出从未有过的自信和大方；他们“兵来将挡，水来土掩”的应对能力，让我感到惊喜和欣慰。

【酷阳弦月组】：组员们通过网络搜寻、书籍阅读、了解了不少德国小蠊的知识。在访谈专家的过程中，他们思维活跃，踊跃提问。如：德国小蠊和蟑螂有什么区别？德国小蠊的克星是什么？德国小蠊吃什么？更为可贵的是，经过一年多的综合实践活动锻炼，该小组学生已经能在综合实践活动的天空自由翱翔：全体组员合作制定调查问卷、共同开展街头访问调查、一起制作汇报 PPT……

【天王之队组】：在家长的协助下，该组打印出的成果书《马缨丹的研究——天王书卷第一部》将成为孩子们成长之路的宝贵精神财富，见图 2 -15。

图 2 -15

本主题活动，得到了家长、领导、协作学校以及鸢尾花团队的大力支持。通过网络平台的宣传和共享，形成了一定的知名度，引起了较大的反响。

附：好看簿上发起的活动，见图 2 -16。

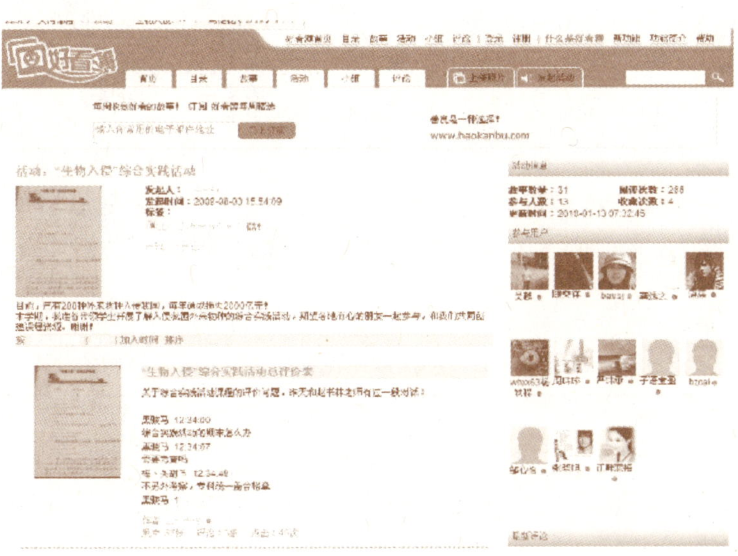

图 2 -16

"生物入侵"主题活动的能力目标陈述：

目标1：习得关于"生物入侵"的专题知识。

目标2：在专题阅读的答题、交流中发展分析、评价信息的高级思维能力。

目标3：策划观察、探究周围"生物入侵"的小组活动方案。

目标4：交流，产生小组拟合作项目。

目标5：组内形成小活动初步方案。

目标6：课堂合作填写表格、初步制作。

目标7：各小组用文字、手抄报、电子版报、PPT等形式汇报实践过程（须含总结）。

目标8：开展多元评价活动。

（1）搜集、阅读与"生物入侵"主题有关的资料，在此过程获得活动背景知识，产生了解、观察本地入侵生物的兴趣和意愿。（Moodle班学员参与网络阅读提问、答题等协作学习）

（2）策划观察、探究周围"入侵生物"的小组活动方案，前往与小组研究主题相对应的地点，开展观察、访谈、探究等活动，获取小组所研究入侵物种的相关信息，并及时记录自己的疑惑、思考或分析（要求填写观察记录表），争取引发进一步的拓展阅读。

（3）通过主题材料阅读和观察访谈、综合分析等活动，学习用童话故事、诗歌、宣传标语和习作抒发对"生物入侵"问题的关注、忧虑或重视，拓宽写作内容，提高写作水平；通过实践过程中的汇报、宣传、手抄报设计等活动，锻炼口头表达、人际交往、动手操作等能力，提升综合素养，激发创新思维。

（4）学习宣传成果的方法，收集数据、制作成果并进行交流，形成独立或小组合作完成研究成果、进行展示活动的能力。

（5）借助基于天河魔灯平台开展的跨校、跨地域阅读交流活动，发展学生的高级思维能力，提高他们信息技术运用的水平及与异地同学相互交流、沟通的能力。

表2-23　基于陈述的目标按分类表对"生物入侵"案例的分析

知识维度	认知过程维度					
	记忆	理解	运用	分析	评价	创造
事实性知识	目标1			目标2		
概念性知识			目标2之"分享信息"			

续上表

知识维度	认知过程维度					
	记忆	理解	运用	分析	评价	创造
程序性知识				目标 7		目标 3 目标 4 目标 5 目标 6
反省认知知识					目标 8	

第三篇

领悟创新，亲近传统文化

第十七章

成语变、变、变

小成语，大历史：

成语虽小，但历史很长，它是中华民族传统文化的一块瑰宝，散发着神奇的魅力。

小成语，大智慧：

成语虽小，道理却非常深刻，充满了人文魅力，它能开启我们智慧大门，使我们在学习的同时，获得更多做人做事的道理。

小成语，大宝库：

成语虽小，可种类与数量繁多，它焕发着独特的语言魅力，真是一座语言的大宝库。

小成语，大乐趣：

成语虽小，但乐趣无穷，能给我们带来无穷的想象。在学成语、用成语的同时，我们尽享欢乐。

热身活动

关于成语，你知道什么？还想知道什么？

一、引言（Introduction）

一天，小军在教室里写作文：《我的家》。

小军这样写道："我的家有爸爸妈妈和我三个人，每天早上一出门，我们三人就分道扬镳，各奔前程，晚上又殊途同归。爸爸是建筑师，每天在工地上指手画脚；妈妈是售货员，每天在商店里来者不拒；我是学生，每天在教室里呆若木鸡。我的家三个成员臭气相投，家中一团和气，但我成绩不好的时候，爸爸也同室操戈，心狠手辣地揍得我五体投地，妈妈在一旁袖手旁观，从不见义勇为。"

哈哈！同学们，你们知道小军的作文问题出在哪儿吗？

二、阅读（Reading）

“专题阅读”内容：《数字变成语》《谜语变成语》《成语故事·有恃无恐》。

数字变成语

（资料来源：http://blog. taschool. com/group. asp？gid =82&pid =39763）

甲：你会成语吗？

乙：会一些。你呢？

甲：我呀，这么说吧，只要你说出一个数字来，我就能用这个数字开头说出一个成语来。

乙：这么厉害。好，那我说个“一”。

甲：一一得一。

乙：二。

甲：二二得四。

乙：三。

甲：三三得九。

乙：四。

合：四四十六，（乙）五五二十五，六六三十六、七七四十九……

甲：停！停！你怎么跟着说个没完了？

乙：这谁不会？你说的这是成语吗？这是乘法口诀！

甲：我是和你开个玩笑。咱们现在正式开始。

乙：好，开始，一。

甲：一马当先、一日三餐、一心一意、一……

乙：行了行了。我再说二。

甲：两全其美、两败俱伤、两面三刀、两……

乙：不对，不对，是“二”不是“两”。

甲：你说“二”还读什么？

乙：读“两”。

甲：这不就对了么！

乙：好好，算你对了。那三呢？

甲：三心二意、三长两短、三番五次、三……

乙：够了够了，再说四吧！

甲：四分五裂、四面八方、四面楚歌、四……

乙：你别说，还真有两下子。那你从五往后数，看你能数到几？

甲：五谷丰登、六六大顺、七上八下、八面威风、九死一生、十全十美、十一……

乙：不行了吧！十一以后的数字就不能组成语了。

甲：十一国庆节。

乙：这不是成语。

甲：那……

乙：我说怎么样？不行了吧？

甲：拾遗补阙。

乙：错了错了，是数字"十一"，不是"拾遗"。

甲：读音一样就行嘛！

乙：好好，算你对。十二。

甲：视而不见。

乙：十三。

甲：一石三鸟。

乙：十四。

甲：视死如归。

乙：十五。

甲：十五的月亮圆又圆。

乙：哎哎，这可不是成语了吧？

甲：我是说，教师节过后接着就是八月十五中秋，你说八月十五的月亮是不是圆又圆？

乙：噢！你又扯到这儿来了。

头脑风暴：

抢答：请以回复形式写出你知道的数字成语，多多益善。

要求：（1）从自己的脑海里想出来，不去网络拷贝；（2）别人写了的，自己不重复写。

谜语变成语

（资料来源：http://zhidao.baidu.com/link? url=5GrnqqAoO84R_7OOXUgZJytFptQSC87UdA1Jwq6W5AUuqyN7HwIb2VWyi_YFMxrcnVXICg_bY6OGVjDPb7TLhq）

判（打一成语）。谜底：一刀两断

咄（打一成语）。谜底：脱口而出

会计（打一成语）。谜底：足智多谋

电梯（打一成语）。谜底：能上能下

伞兵（打一成语）。谜底：从天而降

假眼（打一成语）。谜底：目不转睛

初一（打一成语）。谜底：日新月异

仙乐（打一成语）。谜底：不同凡响

美梦（打一成语）。谜底：好景不长

兄弟（打一成语）。谜底：数一数二

齐唱（打一成语）。谜底：异口同声

卧倒（打一成语）。谜底：五体投地

圆寂（打一成语）。谜底：坐以待毙

太阳灶（打一成语）。谜底：热火朝天

显微镜（打一成语）。谜底：一孔之见

爬竹竿（打一成语）。谜底：节节上升

无底洞（打一成语）。谜底：深不可测

农产品（打一成语）。谜底：土生土长

黑板报（打一成语）。谜底：白字连篇

飞行员（打一成语）。谜底：有机可乘

跷跷板（打一成语）。谜底：此起彼伏

婚丧事（打一成语）。谜底：悲喜交加

举重比赛（打一成语）。谜底：斤斤计较

《聊斋志异》（打一成语）。谜底：鬼话连篇

超级好牙刷（打一成语）。谜底：一毛不拔

头脑风暴：

1. 学习了“谜语变成语”的本领之后，我们就该牛刀小试了！

2. 游戏规则（以回复形式）：不管是做老师出的题，还是做学生出的题，不可“长篇大论”，不可“风光尽占”：每人每次最多完成5个！

成语故事·有恃无恐

（资料来源：http://www.zww.cn/baike/html/8/892.shtml）

有恃无恐这个成语出自《左传·僖公二十六年》。

春秋时期，五霸之一的齐桓公死后，其儿子齐孝公继位。齐孝公像其父一样，争做诸侯霸主。公元前634年夏，齐孝公乘鲁国遭受自然灾害的机会，进攻鲁国北部边境。鲁僖公得知消息，派大夫展喜迎击齐军。当时齐军还未进入鲁国边境，展喜见了齐孝公说：“我国的国君听说您带兵来占领我们的国土，特派我来慰劳你们。”齐孝公问：“鲁国人害怕吗？”展喜回答：“没见识的百姓有些害怕，有见识的君子则不怕。”齐孝公说：“室如县（同悬）罄，野无青草，何恃而不恐？”即“你们国家的人家里穷得叮当响，野外连草也没有，更不用说庄稼，凭什么不害怕？”展喜回答说：“鲁国国君的祖先周公和齐国国君的祖先姜太公是周天子的得力助手，在共同辅佐周成王时，结下联盟，‘要世代和睦相处，不要相互伤害。’你的父亲齐桓公就是以团结诸侯，帮助诸侯之间消除隔阂、克服困难而昭显齐国的祖先——姜太公的事业的。现在你登上齐侯的大位，诸侯希望你能继承你父亲的好传统。”说到这里，展喜又坚定地说，“恃此以不恐。”意思是：就凭这些才不担心害怕。齐孝公听了这番话，便带着军队回去了。

后来人们把“恃此以不恐”，简化成“有恃无恐”，用来比喻某些人或某一方有了凭借而无所顾忌。

温馨提示：

1. “有恃无恐”最早见于《左传》，至今已有两千多年的沿用历史了！说成语历史悠久，没错吧！

2. 现在，人们口头、笔头还常用到“有恃无恐”，只不过，它已由最初的褒义变为贬义了！

头脑风暴：

你还知道哪些成语感情色彩已变？（有的由褒义变成了贬义，有的由贬义变成了褒义，有的由中性变成具有褒贬的意义）请以回复形式分享（注意：这道题难度很大，允许查资料；别人写了的，自己不重复写）。

三、探究（Inquiry）

1. 探究指引

请同学们根据图 3－1 中的提示来分析自己知道的成语（建议 10 个）。

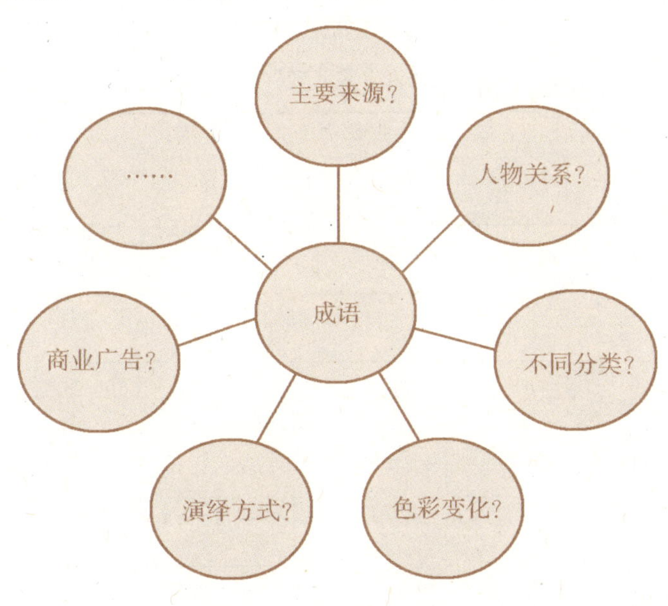

图 3－1

2. 探究表格

以下活动记录表，仅供参考。如需其他表格，请根据小组选题自制。

表 3－1 “成语变、变、变”调查活动记录表

学校＿＿＿＿＿＿ 班级＿＿＿＿＿＿ 组别＿＿＿＿＿＿

调查记录区					
调查人员					
调查地点					
调查对象					
调查时间					
对成语的喜爱程度					
对成语的掌握程度					
对成语的运用程度					
我们的分析					

续上表

资料展示区

表3-2 “成语变、变、变”观察活动记录表

观察记录区					
观察人员					
观察地点					
观察方法					
观察时间					
成语广告记录					
成语本来面目					
化用成语的原因					
我们的结论					
资料展示区					

四、分享（Sharing）

1. 完整成果大亮相

比一比，看哪个小组的完整成果最有特色！

2. 活动评价总表

同学们，快来看看各自的活动评价总表。希望你们能通过评价意见总结反思、取长补短、再接再厉！

表3－3 “成语变、变、变”活动评价总表

学校＿＿＿＿＿＿ 班级＿＿＿＿＿＿ 姓名＿＿＿＿＿＿

姓名		我的小组		指导教师			
评价主体	评价要点			评价等级（打√）			
				好	较好	一般	需努力
学生自评	1. 积极参加阅读、探究、分享等活动						
	2. 会用多种方法搜集、处理信息						
	3. 重视合作，努力完成自己承担的任务						
	4. 本次活动的收获						
	想说的话：						
组员评价	1. 按计划参加小组的每一次活动						
	2. 在各阶段活动中与小组成员愉快地分工合作						
	想说的话：						
家长评价	1. 孩子对活动感兴趣						
	2. 孩子的知识面拓宽了，综合运用知识能力得到提高						
	3. 孩子的探究、创新意识得到增强						
	想说的话：						
教师评价	1. 学生能主动发现问题，提出问题，寻求解决问题的方法						
	2. 学生乐于合作，勤于实践，善于反思						
	3. 学生的主体性得到一定发挥，高级思维有所产生						
	想说的话：						

3. 评选小组优秀成员

亲爱的同学们，到了评选小组优秀成员的时候了，请根据自己的观察、参与和了解情况，评选出你心目中的优秀组员吧！

第十八章

对对联

对联相传起于五代后蜀主孟昶（chǎng），是中华民族的文化瑰宝。本来，古代私塾里对对联（对子）是学童必做的“雕虫小技”类的功课，但是，随着生活中传统文化悄无声息的消逝，当今很多大学生都不识对联真面目了。学习本课程，你将会发现，对对子不难，而且实用又好玩。

1. 摸底作业

请对对子（至少一个，越多越好）。

（1）草木——

（2）四海——

（3）引狼入室——

（4）守株待兔——

（5）刻舟求剑——

（6）云山——

（7）木棉红——

（8）南国春早——

2. 热身活动：七嘴八舌话对联

请谈谈你对对联的认识。

一、引言（Introduction）

2004 年 1 月 15 日，来自全国各地的千余名考生在北大参加了自主招生和特长生的选拔考试。一道用时事内容对对联的题目难住了大部分考生，这道让考生们“头疼”的“经典试题”是根据“神舟五号”发射成功而作的一个上联，为“九天揽月华夏英豪驰宇宙”。想想看，下联真的很难对吗？

二、阅读（Reading）

“专题阅读”内容：《春联里缺了啥》《徐子建认输》《庆抗战胜利对联》《“趣味对联”趣味多》《晨读对韵》。

春联里缺了啥

（资料来源：http://zhidao.baidu.com/link?url=zxUVKeSM21J9-slBxVaMBBmCTJIqBeXqhFRB7FLw_rt3HKTo_B0mzb2QE3YEq45hd8BCFfyZ6RCAcDDdSpb05q）

郑板桥在山东潍县当县令的时候，有一年春节，他看到一户人家门前贴着这样一副春联：“二三四五，六七八九”。横批是：“南北”。

郑板桥二话没说，扭头便走。不一会儿，他就拿了几件衣服，提着一块肉，扛了一口袋粮食走了回来。他敲开那家人的门，只见一家老小衣衫褴褛，桌上没有饭菜。郑板桥对他们说：“过年了，这点东西留下用吧！”一家人认出了郑板桥，千恩万谢地给他磕了几个头。

出了门，站在一旁的衙役大惑不解地问：“老爷，您又不是神仙，怎么知道这家人如此穷苦？”

郑板桥指了指对联，笑道：“答案就在这里……”

头脑风暴：

请问这户穷人家的春联巧在哪里？

徐子建认输

（资料来源：http://blog.sina.com.cn/s/blog_3f78aaa30100ylbu.html）

祝枝山是明代的文学家、书法家，他生性幽默、多才多艺、文章写得好、书法写得美、对联对得妙，是公认的才子。

一天，祝枝山遇到了一位名叫徐子建的师爷。这位师爷自命不凡，看不起人，还夸口说世上没有能难住他的对子。这次相遇，他提出要和祝枝山比对对子。祝枝山问："谁出？谁对？"徐子建说："当然是你出，我来对！"祝枝山笑着说："三塔寺前三座塔。"徐子建一听，这么简单，随口说："五台山上五层台。"话音刚落，祝枝山说："且慢！我还没说完，三塔寺前三座塔，塔、塔、塔。"徐子建一听，又随口说出："五台山上五层台，台、台、台、台……"他说不下去了，祝枝山笑道："怎么样？抬不动了吧！哈哈！"

结果，徐子建灰溜溜地认输了。

头脑风暴：

为什么徐子建输了？

庆抗战胜利对联

（资料来源：http://www.zybang.com/question/eeea8e3698e859bce30500e342578ec2.html）

1945年8月15日，日本帝国主义者宣布无条件投降，八年的抗日战争终于取得了胜利！这一喜讯立即通过无线电波传到全国各地。各地纷纷举行集会，来庆祝中国人民的伟大胜利。在四川成都举行的一次隆重聚会上，有人抑制不住内心的喜悦，撰写了一个上联：中国捷克日本，公开征求下联。

上联一经公布，当场应对者络绎不绝，大家对出了许多有意义的下联。其中有一个下联，尤其不同凡响，令人叫绝。这下联是：南京重庆成都。

头脑风暴：

请问这副妙对绝在何处？

"趣味对联"趣味多

（资料来源：http://www.gmw.cn/content/2009-01/23/content_881692.htm）

马上就要过年了，过年的时候最重要的一件事恐怕就是贴对联了，不过说起对联，千百年来样式一直都没怎么变过，红纸黑字长条条。最近，太原的张师傅给我们打来电话说，他发明了一种趣味对联，相比传统对联的样式更加喜气和美观，那这到底是一种什么样的对联呢？

走进张惠明师傅的家，首先映入眼帘的就是他在电话中和我们提到的趣味对联，有的像是葫芦状，有的像是宝塔状，大红底儿上面写着黑色金边的毛笔字，

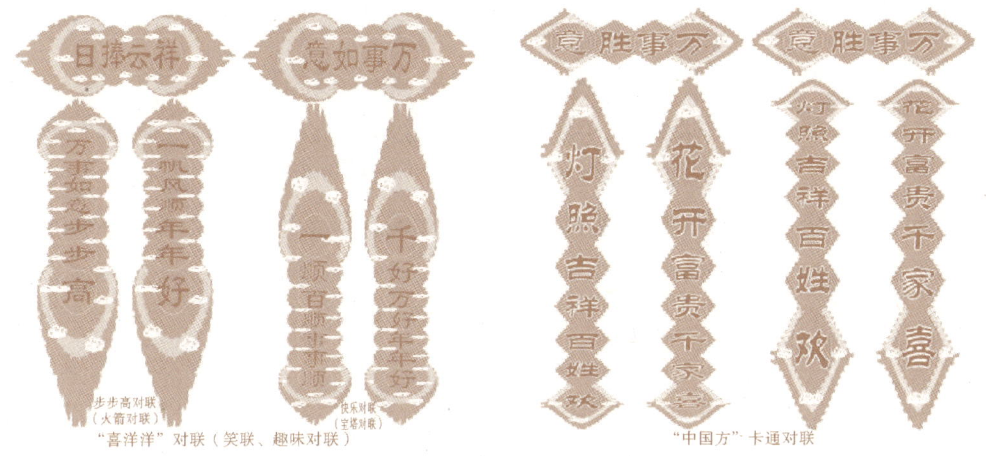

图 3 -2

煞是好看。您再离远点儿看，有的就像是红通通的糖葫芦，有的则像是一串串的红灯笼，反正是透着股子喜庆劲，这么好看的对联我还是第一次见。

为了搞创作，张师傅还专门买了电脑，并且学会了各种绘图软件，那叫一个专业。您瞧，在张师傅的书房里到处都是他创作用的工具图书，还有他刚开始创作的一幅幅草稿图。张师傅跟我们说，他的这些趣味对联不仅是好看，而且还有一定的美好寓意。

张师傅说，他已经为自己的趣味对联申请了国家专利，现在他最大的梦想就是有一天自己创作的对联能贴上大街小巷、千家万户。

晨读对韵

（资料来源：http://tv. sohu. com/20130219/n366468933. shtml）

麻韵（a）

天对地，室对家，落日对流霞。黄莺对翠鸟，甜菜对苦瓜。狗尾草，鸡冠花，白鹭对乌鸦。门前栽果树，塘里养鱼虾。有时两点三点雨，到处十支五支花。

优对劣，丑对佳，肃静对喧哗。光明对黑暗，异卉对奇葩。知音存海内，朋友遍天涯。黄梅时节家家雨，青草池塘处处蛙。

波韵（o）

繁对简，少对多，蔓草对松萝。珊瑚对玛瑙，河蚌对田螺。星妩媚，月婆娑，曲径对斜坡。黄莺歌婉转，绿柳舞婀娜。芳林新叶催陈叶，流水前波让后波。

弦对管，鼓对锣，淅沥对滂沱。观光对借鉴，浊浪对清波。须奋斗，莫蹉跎，北海对东坡。眼中沧海小，衣上白云多。气似长虹贯玉宇，心如皓月映澄波。

歌韵（e）

萍对藻，菊对荷，黄豆对青稞。桃枝对柳叶，放鹤对观鹅。小夜曲，大风歌，潋滟对嵯峨。举头红日近，回首白云遮。坐地日行八万里，巡天遥看一千河。

勤对懒，俭对奢，琐碎对繁苛。冰清对玉润，地利对人和。行踽踽，笑呵呵，欣赏对吟哦。下笔即千字，读书倾五车。生有光辉昭日月，死留正气壮山河。

支韵（-i）

庭对院，井对池，落絮对游丝。飞禽对走兽，骏马对雄狮。三国志，七步诗，错落对参差。行到水穷处，坐看云起时。侧身天地更怀古，独立苍茫自咏诗。

（1）相声：《对对子》。请点击 http://tv. sohu. com/20130219/n366468933. shtml 链接，打开资源。

（2）相关网站及书籍推荐（请点击以下链接打开资源）

a. 《小学对课》http://product. dangdang. com/22600655. html。

b. 中华楹联：http://www. zhylw. net/。

c. 中国对联网：http://www. duiduilian. com/。

d. 对联网：http://web2. tcssh. tc. edu. tw/school/guowenke/books/dlwang/index. htm。

 三、探究（Inquiry）

1. 对于我们而言，对联并不陌生，家家户户都会在除夕前，在自己家门口贴上对联。那你们知道对联的起源、种类、特点等知识吗？接下来，各小组请进入探究对联的领域吧！（表格请自制）

2. 对联阁

同学们，一起来玩一玩对对子游戏吧！你贴出上联或下联都可以，如果没人对出，那就了不起啦！

 四、分享（Sharing）

1. 基于对联的高级思维能力评价表

表 3－4　基于对联的高级思维能力评价表

一级指标	二级指标	评估标准	权重	自评	他评	师评
分析	区分	能根据出句辨别出重要信息，对句内容基本切题。	10			
	组织	上下句结构完整，有内在一致的关系。	10			
	归属	有潜在的效应或机关意识。	15			
评价	核查	对联经过核查。如，无错别字、无缺漏、无“同字相对”，无逻辑错误。	10			
	评判	体现出较为深入的思考，具有趣味性或意境美。	15			
创造	生成	依据任务要求发散思维，进行各种联想。	10			
	计划	创作时有计划，考虑到词性、平仄的要求，结构工整。	10			
	产生	蕴含原创性、独特性和新颖性。	20			
作品题目						
作者信息						

2. 结课作业

请对对子（至少一个，越多越好）。

（1）规矩——

（2）玉宇——

（3）狗仗人势——

（4）精卫填海——

（5）卧薪尝胆——

（6）花城——

（7）珠江美——

（8）羊城不老——

3. 推荐对对子高手

请根据观察，推荐出自己心目中的优秀对联创作者。

第十九章

创编红段子　建设文明城

同学们，“齐聚文明　举手传情”广州市创建全国文明城市红段子创作大赛已经轰轰烈烈地拉开帷幕啦！让我们以小主人的姿态汇聚力量，一齐参与到文明城市的创建活动之中。你们的举手之劳，将尽显自己对羊城的热爱之情！

图 3 −3

（图片来源：http://roll.sohu.com/20110621/n310970486.shtml）

一、引言（Introduction）

同学们，你们知道广州市一直在创建全国文明城市吗？创建全国文明城市跟创编红段子有什么关系？红段子又是什么呢？撰写怎样的红段子才有拿大奖的希望？学了这门课程之后，所有的问题大家都会得到答案！

二、阅读（Reading）

“专题阅读”内容：《创文红段子大赛》《创文红段子范例》。

创文红段子大赛

（资料来源：http://roll.sohu.com/20110621/n310970486.shtml）

经过近三个月密锣紧鼓的精心筹备，昨天下午，“齐聚文明，举手传情”广州市创建全国文明城市红段子创作大赛启动仪式在越秀宾馆举行。大赛由中共广州市委宣传部、广州市精神文明建设委员会办公室、广州市创建文明城市联席会议办公室联合举办。

据主办方介绍，2011年是广州创建全国文明城市的决战、决胜之年，让更多的市民支持创文、参与创文是创建工作的关键。之所以举办创文红段子大赛，目的就是充分利用手机短信、微博等新媒体的传播优势，加大广州市创建全国文明城市工作宣传力度，积极动员广大市民关心创文、了解创文、参与创文。

“齐聚文明，举手传情”，大赛的主题透露了此次创文红段子大赛的意义。广州市委宣传部常务副部长汤应武在启动仪式上解读说，“聚”字表达了两层意思：一个是“汇聚力量”，号召全体市民积极参与全国文明城市创建工作，当好主人翁；另外一个是“集聚智慧”，让更多的市民可以为创建工作出谋划策，当好智囊团。

对于“举手传情”，汤应武的解读是，创文不仅仅是一句口号、一条短信、一封邮件，举手之劳即可参与创文。希望每一个广州市民和生活居住在广州的人们，都以主人翁的姿态，积极行动起来，参与进来，继续支持文明城市创建工作，成为宣传广州、展示广州文明形象的形象大使。

什么样的短信才符合大赛的要求呢？主办方介绍说，“创文红段子”应围绕“2011年广州市创建全国文明城市”这一主题，可以反映城市文明、志愿服务、岭南文化、友好往来，也可以反映广州历史文化、风土人情、自然生态、经济发展、城市建设、文化交流、生活风貌等内容。体裁不限，题目自拟，可以是诗歌、小说、戏剧、散文等。

“思想内容应健康向上，语言精练、活泼优美、朗朗上口，短信作品一般不超过220字，其他作品一般不超过800字。”谈到创文红段子的要求，主办方工作人员给出了一段官方的解释。而他又透露说，鉴于创文涉及方方面面，这次大赛的题材很宽泛，不受国籍、性别、年龄、学历限制，每个人都可以参与“创文红段子”大赛。不光是中文作品，即使是英文作品都可以参赛。

该工作人员还提醒说，作品必须保证原创，杜绝抄袭。参赛的作品均需提交红段子题目。如果碰到相同内容，主办方会以先收到者为准。对于入选作品，作者获得奖励并保留名誉权，作品修改权、使用权等其他权利归主办单位。

本次大赛的获奖信息将由主办单位在大洋网“创文红段子”创作大赛专题网页公布。月评颁奖每月集中一次颁奖，由本次活动的承办单位大洋网对获奖者颁发证书。总评颁奖时将举行总评颁奖仪式，由主办单位广州市创建文明城市联席会议办公室对获奖者颁发证书。

头脑风暴：

请同学们就这篇报道自由提问，要注意问题的完整性。

（1）创文宣传片广州城市精神篇。请点击 http://www.tvtour.com.cn/dv/player.php? id =7752 链接，打开资源。

（2）广州创文今年只能成功不能失败。请点击 http://v.youku.com/v_show/id_XMjU0NDA5NTY4.html 链接，打开资源。

（3）关于段子。请点击 http://www.thjy.org/qcjb/Article/63445023115734 3750.aspx 链接，打开资源。

创文红段子范例

（资料来源：http://www.thjy.org/qcjb/Article/634450231157343750.aspx）

创文红段子范例一

你加分，我加分，祝福短信一百分；
你有情，我有情，礼待天下献真情；
你文明，我文明，广州创文更闻名；
你出力，我出力，广州创文添活力！

创文红段子范例二

文明是你洗完手从未忘记关上水龙头，
文明是你在公共场合从不吸烟，
文明是你在公交车上为他人让座，
文明是你在图书馆里不大声喧哗，
文明是分类处理生活垃圾不乱丢乱倒，
文明其实很简单，因为它就在你身边。
文明，是一个优雅的词；
文明，是一句哲理的话；
文明，是一句温馨的问候；
文明，是一抹动人的微笑；
创建文明广州，你我共同参与。

创文红段子范例三

街道上，车水马龙，干净整洁，文明广州；市区内，高楼林立，商品琳琅满目，人们意气风发，广州文明；小区里，鸟语花香，笑语盈盈；校园里，莘莘学子，兢兢学习，幸福广州；文明广州，你我携手，点点滴滴，共创广州文明城市。

头脑风暴：

看了这三条红段子，你有没有疑问？有没有受到什么启发？

三、探究（Inquiry）

1. 编写红段子，内容不限，体裁不限。

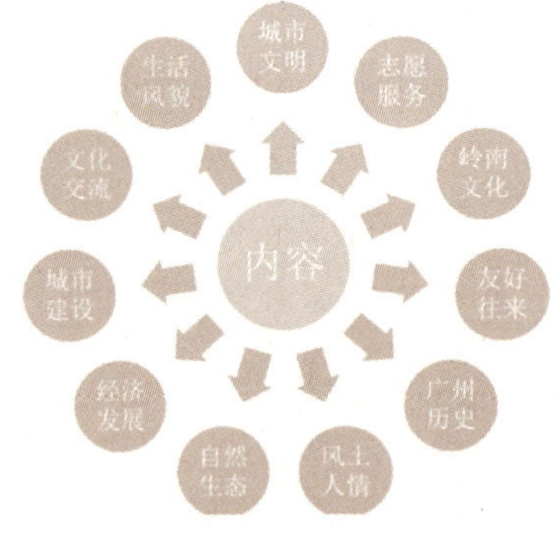

图 3－4

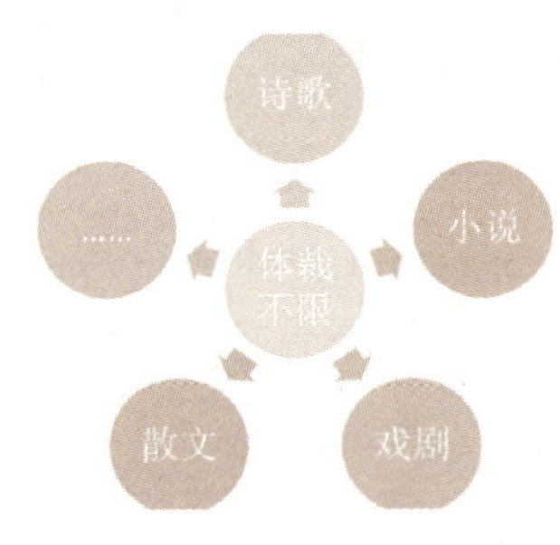

图 3－5

2. 童谣如何变红段子？

童谣是少年儿童温馨、幸福的成长摇篮。选准适合自己的创编内容之后，你一定查阅了相关的资料，开展了观察等活动。来看看，你能把自己的实践感受装进“童谣”，变成红段子吗？

优秀童谣范例：

世界就在你手心

（查弘毅　贵州省桐梓县娄山关镇中心小学）

花儿香，草儿翠，美好家园最可贵。
塑料袋，污染家，我们尽量不用它。
枝儿密，叶儿茂，净化空气最可靠。
废纸屑，不乱扔，保护环境讲卫生。
不摘花，不摇树，生态需要你保护。
小朋友，请记清，世界就在你手心。

我用蜡笔画自然

（何梦迪　安徽省蚌埠市第二实验小学）

蜡笔红，蜡笔黄，
我用蜡笔画太阳，
不画烟尘和废气，
太阳公公喜洋洋。
蜡笔绿，蜡笔蓝，
我用蜡笔画青山，
不画斧头和木锯，
青山爷爷笑开颜。
蜡笔橙，蜡笔褐，
我用蜡笔画江河，
不画垃圾和污水，
江河奶奶乐呵呵！

小纸片

（卢奕江苏省通州市育才中学）

小纸片，天上飞，
小朋友，后面追。
纸片纸片，不要飞，
请你回到垃圾堆。

红黄绿 三兄弟

（河南省林州市第二实验小学集体创作）

红黄绿，三兄弟，
站在路口真卖力，
红哥哥，瞪眼睛，
告诉我们立刻停，
黄弟弟，眨眼睛，
提示我们慢慢行。
绿弟弟，亮眼睛，
告诉我们快快行。

祖国我爱你

（张晓兰　甘肃省临夏州永靖县刘化小学　教师）

祖国祖国我爱你，你的山河多美丽。
坐上火车行万里，还在你的怀抱里。
打开地图看看你，像只漂亮大公鸡。
我要当个设计师，给你做件五彩衣。

山羊乘公交

小山羊，乘公交，
花白胡子胸前飘。
白鹅见了忙让座，
花猫连忙扶它腰。
小山羊，脸红了，
我呀是个壮小伙，
座位请给鸭姥姥。

戒 烟

（安郁运　山东省日照开发区关工委　教师）

吸烟坏，吸烟坏，
爸爸抽烟很难戒。
爸抽烟，我受害，
妈妈受害不例外。
爸盼我，进步快，
俺俩一起来比赛。
爸戒烟，我学乖，
妈妈当起裁判来。

环保小卫士

（张玉琴　宁夏吴忠市朝阳小学　教师）

地球“妈妈”真烦恼，
天天都有垃圾掉，
小果皮，塑料袋，
风儿一吹满地跑，
小学生们要环保，
帮助“妈妈”扫一扫，
大家一起来动手，
地球“妈妈”微微笑。

四、分享（Sharing）

1. 完整成果大亮相

（1）“童谣”式红段子展示区。

快来当作词家，以“添加一个新讨论话题”的形式展示自己的红段子。你一定行的！

（2）“标语”式红段子展示区。

快来当广告大师，以“添加一个新讨论话题”的形式展示自己的红段子。你真棒！

（3）“散文”式红段子展示区。

快来当小散文家，以“添加一个新讨论话题”的形式展示自己的红段子。相信你是好样的！

（4）其他形式段子展示区。

你还有其他体裁的红段子？以“添加一个新讨论话题”的形式展示吧。哦，你真是文曲星下凡！

2. 评选小组优秀成员

亲爱的同学们，到了评选小组优秀成员的时候了。请根据自己的观察和了解情况，根据参与者所创编的红段子的数量和质量，评选出你心目中的优秀组员吧！

第二十章

轻叩诗歌的大门

诗是想象的美，是心灵的翅膀，是思维的健身操。同学们，让我们用诗歌描绘人世间的万事万物，包括我们的喜怒哀乐。

1. 摸底作业

请写一首儿童诗（必须原创）。

2. 热身活动

诗歌知识知多少。

一、引言（Introduction）

传说，唐朝文学家王勃到南昌时，赶上了都督阎伯舆的宴会，便一气呵成写成《滕王阁序》。序诗的后四句是：闲云潭影日悠悠，物换星移几度秋。阁中帝子今何在？槛外长江________自流。最后一句空了一个字不写，他将序文呈上就走了。

在座的人看到这里，有人猜是“独”字，有人猜是“船”字，有人猜是“水”字。阎伯舆为求得这个“未写之字”，包了千两银子，亲自率文人去见王勃。待王勃一语道破，众人齐称“绝妙！奇才！”你觉得，这个没写的字可能是哪个字？它好在哪里？

二、阅读（Reading）

“专题阅读”内容：《诗海拾贝》《儿童诗范例》。

诗海拾贝

诗经·采薇（节选）

昔我往矣，杨柳依依。
今我来思，雨雪霏霏。

春夜喜雨

［唐］杜甫

好雨知时节，当春乃发生。
随风潜入夜，润物细无声。
野径云俱黑，江船火独明。
晓看红湿处，花重锦官城。

西江月·夜行黄沙道中

［宋］辛弃疾

明月别枝惊鹊，清风半夜鸣蝉。
稻花香里说丰年，听取蛙声一片。
七八个星天外，两三点雨山前。
旧时茅店社林边，路转溪桥忽见。

天净沙·秋

［元］白朴

孤村落日残霞，
轻烟老树寒鸦，
一点飞鸿影下。
青山绿水，
白草红叶黄花。

太阳的话

艾 青

打开你们的窗子吧，
打开你们的板门吧，
让我进去，让我进去，
进到你们的小屋里。

我带着金黄的花束，
我带着林间的香气，
我带着亮光和温暖，
我带着满身的露水。

快起来，快起来，
快从枕头里抬起头来，
睁开你的被睫毛盖着的眼，
让你的眼看见我的到来。

让你们的心像小小的木板房，
打开它们的关闭了很久的窗子，
让我把花束，把香气，把亮光，
温暖和露水撒满你们心的空间。

白 桦

［俄罗斯］叶赛宁

在我的窗前，
有一棵白桦，
仿佛涂上银霜，
披了一身雪花。

毛茸茸的枝头，
雪绣的花边潇（xiāo）洒，
串串花穗齐绽，
洁白的流苏如画。

在朦胧的寂静中，
玉立着这棵白桦，
在灿灿的金辉里，
闪着晶亮的雪花。

白华四周徜（chǎng）徉（yáng）着，
姗（shān）姗来迟的朝霞，
它向白雪皑皑的树枝，
又抹一层银色的光华。

头脑风暴：

1. 从“诗海拾贝”提供的阅读材料中，你发现了什么？想到了什么？
2. 读了“诗海拾贝”中的诗歌，你觉得我们班的同学都可以来写诗吗？

儿童诗范例

爸爸的鼾声

阎　妮

爸爸的鼾声，
就像是山上的小火车，
使我想起，
美丽的森林。
爸爸的鼾声，
总是断断续续的，
使我担心火车会出了轨。
咦？
爸爸的鼾声停了，
是不是火车到站了？

鞋

林武宪

我回家，把鞋脱下。
姐姐回家，把鞋脱下。
哥哥、爸爸回家，
也都把鞋脱下。
大大小小的鞋是一家人，
依偎在一起说着一天的见闻。

大大小小的鞋，
就像大大小小的船。
回到安静的港湾，
享受家的温暖。

树

（资料来源：http://www.5068.com/sc/ets/205416.html）

春天的树，
是花儿们选美的舞台。
夏天的树，
是蝉儿们唱歌的教室。
秋天的树，
是水果们睡觉的摇篮。
冬天的树，
是风儿们赛跑的运动场。

风（节选）

潘　楠

风最讨厌了，
每次都偷偷地掀起别人的裙子。
然后在旁边大叫，
羞！羞！羞！
真是气死我了！

不学写字有坏处

方素珍

小虫写信给蚂蚁，
他在叶子上咬了三个洞，
表示我想你。
蚂蚁收到他的信，
也在叶子上咬了三个洞，
表示看不懂。
小虫不知道蚂蚁的意思，
蚂蚁不知道小虫的想念，
怎么办呢？

交通警察

（资料来源：http://www.5068.com/sc/ets/205416.html）

世界上力气最大的人，
就是交通警察。
因为他有“气功”，
只要单手轻轻一推，
几十辆车子就一动也不动了。

草　地

漪　然

秋风，是个油漆匠。早上，它从太阳那儿领来颜料；傍晚，就去给森林里的动物刷墙。

我家门前的草地，就是它那把又大又软的刷子。瞧，在每一片草叶的尖尖上，都还留着一点儿闪闪发亮的金黄。

绿色的蛋糕

柠　檬

夏天在过生日，
收到一个绿色的蛋糕，
连蜡烛也是绿色的，
夏天很喜欢，
我们也很喜欢，
总在傍晚去蹭蹭，
闻闻它绿色的味道，
呼吸一些绿色的气息。
我们还给这个绿色的蛋糕，
另取了一个名字，
叫它：草坪。

皱　纹

（资料来源：http://www.5068.com/sc/ets/205416.html）

老人的脸上，
有一条一条的皱纹；
大海的脸上，
也有一波一波的皱纹；
大海是不是也老了呢？

瞌睡虫

陈木城

一条条瞌睡虫，
徐徐缓缓慢慢爬进我的耳中，
老师的声音变得朦朦胧胧，
悄悄爬上眉尖额头和鼻孔，
老师请原谅我眼皮越来越重，
都爬满瞌睡虫。

（1）我们的诗歌集。请点击 http://www.xmbinbei.net/ketiyanjiu/zutishijian/yuwen/6/1.html 链接，打开资源。

（2）配乐诗朗诵。请点击 http://music.guqu.net/shilangsong/List_3.html 链接，打开资源。

（3）古诗词吟唱。请点击 http://music.guqu.net/gushici/链接，打开资源。

相关网站（请点击链接，打开资源）

（1）中国诗歌库 http://www.shigeku.com/。

（2）中国诗歌网 http://www.poetry-cn.com/。

（3）诗人网 http://www.cnpoet.com。

相关书籍推荐

《唐诗鉴赏辞典》《宋词鉴赏辞典》《毛泽东诗词鉴赏》。

三、探究（Inquiry）

1. 诗海如何拾贝

（1）各小组以“添加一个话题”的形式呈现所搜集、整理的资料（表格自制）。

（2）浏览其他组的资料搜集、整理情况，提出意见或建议。

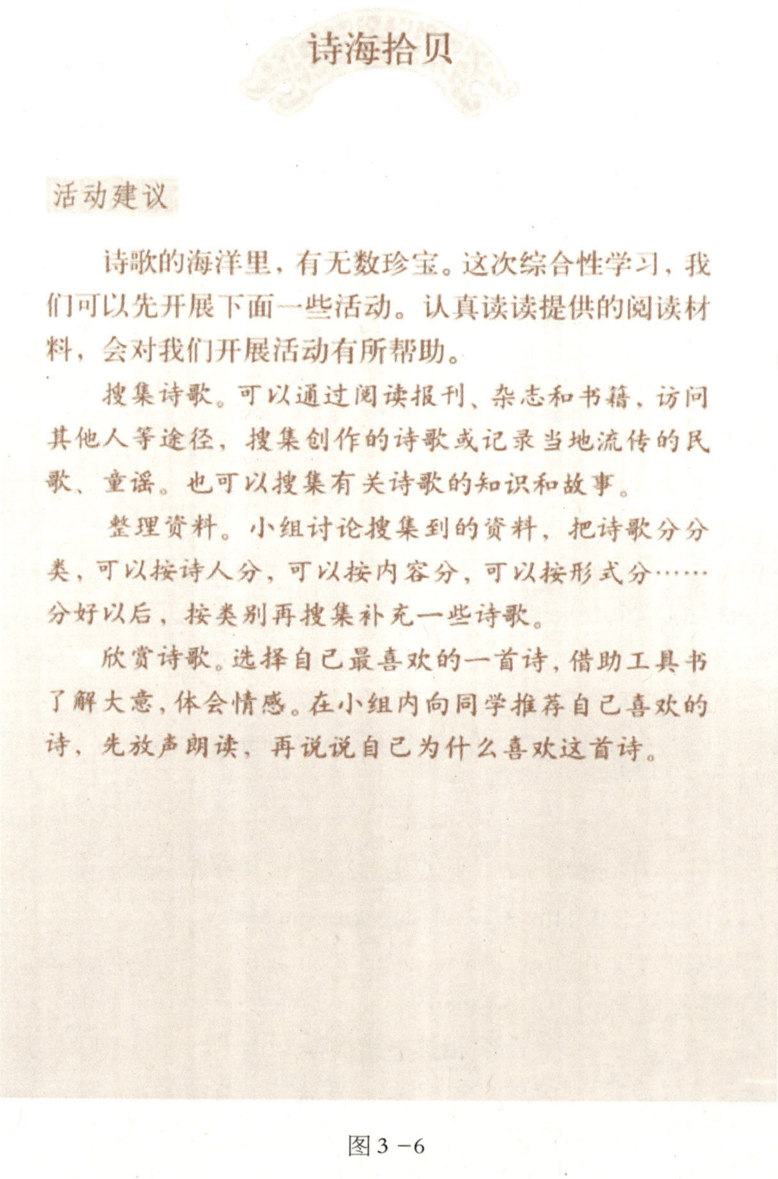

诗海拾贝

活动建议

诗歌的海洋里，有无数珍宝。这次综合性学习，我们可以先开展下面一些活动。认真读读提供的阅读材料，会对我们开展活动有所帮助。

搜集诗歌。可以通过阅读报刊、杂志和书籍，访问其他人等途径，搜集创作的诗歌或记录当地流传的民歌、童谣。也可以搜集有关诗歌的知识和故事。

整理资料。小组讨论搜集到的资料，把诗歌分分类，可以按诗人分，可以按内容分，可以按形式分……分好以后，按类别再搜集补充一些诗歌。

欣赏诗歌。选择自己最喜欢的一首诗，借助工具书了解大意，体会情感。在小组内向同学推荐自己喜欢的诗，先放声朗读，再说说自己为什么喜欢这首诗。

图 3－6

2. 怎样与诗同行

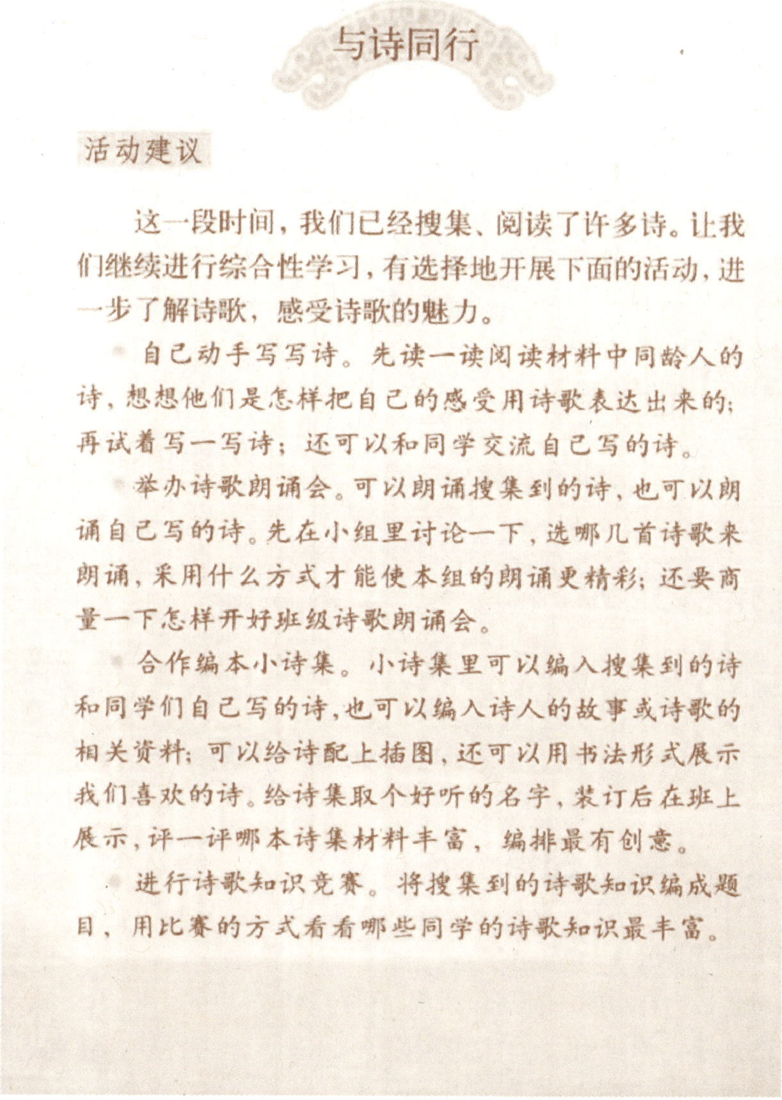

与诗同行

活动建议

这一段时间，我们已经搜集、阅读了许多诗。让我们继续进行综合性学习，有选择地开展下面的活动，进一步了解诗歌，感受诗歌的魅力。

自己动手写写诗。先读一读阅读材料中同龄人的诗，想想他们是怎样把自己的感受用诗歌表达出来的；再试着写一写诗；还可以和同学交流自己写的诗。

举办诗歌朗诵会。可以朗诵搜集到的诗，也可以朗诵自己写的诗。先在小组里讨论一下，选哪几首诗歌来朗诵，采用什么方式才能使本组的朗诵更精彩；还要商量一下怎样开好班级诗歌朗诵会。

合作编本小诗集。小诗集里可以编入搜集到的诗和同学们自己写的诗，也可以编入诗人的故事或诗歌的相关资料；可以给诗配上插图，还可以用书法形式展示我们喜欢的诗。给诗集取个好听的名字，装订后在班上展示，评一评哪本诗集材料丰富，编排最有创意。

进行诗歌知识竞赛。将搜集到的诗歌知识编成题目，用比赛的方式看看哪些同学的诗歌知识最丰富。

图 3 -7

3. 请完成小组活动方案

表 3－5 “轻叩诗歌的大门”小组活动方案

<table>
<tr><td>小组名称</td><td colspan="3"></td><td colspan="4">指导教师、家长</td><td colspan="4"></td></tr>
<tr><td>组长</td><td colspan="3"></td><td colspan="4">小组成员</td><td colspan="4"></td></tr>
<tr><td>活动主题</td><td colspan="11"></td></tr>
<tr><td rowspan="11">活动计划</td><td rowspan="2">活动步骤</td><td rowspan="2">成员分工</td><td colspan="5">活动形式</td><td colspan="4">成果展示</td></tr>
<tr><td>查找资料</td><td>调查</td><td>访谈</td><td>创作</td><td>其他</td><td>作品</td><td>幻灯</td><td>表演</td><td>其他</td></tr>
<tr><td>1</td><td></td><td></td><td></td><td></td><td></td><td></td><td rowspan="7"></td><td rowspan="7"></td><td rowspan="7"></td><td rowspan="7"></td></tr>
<tr><td>2</td><td></td><td></td><td></td><td></td><td></td><td></td></tr>
<tr><td>3</td><td></td><td></td><td></td><td></td><td></td><td></td></tr>
<tr><td>4</td><td></td><td></td><td></td><td></td><td></td><td></td></tr>
<tr><td>5</td><td></td><td></td><td></td><td></td><td></td><td></td></tr>
<tr><td>6</td><td></td><td></td><td></td><td></td><td></td><td></td></tr>
<tr><td>7</td><td></td><td></td><td></td><td></td><td></td><td></td></tr>
<tr><td>时间安排</td><td colspan="3">活动准备阶段</td><td colspan="4">活动实施阶段</td><td colspan="3">活动总结阶段</td></tr>
<tr><td></td><td colspan="3"></td><td colspan="4"></td><td colspan="3"></td></tr>
<tr><td>活动需注意的问题</td><td colspan="11"></td></tr>
</table>

四、分享（Sharing）

1. 儿童诗王国

儿童诗是最为自由的一种创作体裁，是诗歌世界里的小精灵。来，把你的小精灵，我的小精灵都捧出来，汇成小精灵的王国。温馨提示：欣赏别人的作品时，别忘了点评一下哦！

2. 完整成果大亮相

比一比，看哪个小组的完整成果最有特色！

3. 活动评价总表

孩子们，快来看看你们的活动总评价表。希望你们能通过评价意见总结反思、取长补短、再接再厉！

表3－6 “轻叩诗歌的大门”活动评价总表

学校________ 班级________ 姓名________

姓名		我的小组		指导教师			
评价主体	评价要点			评价等级（打√）			
				好	较好	一般	需努力
学生自评	1. 积极参加阅读、探究、分享等活动						
	2. 会用多种方法搜集、处理信息						
	3. 重视合作，努力完成自己承担的任务						
	4. 本次活动的收获						
	想说的话：						
组员评价	1. 按计划参加小组的每一次活动						
	2. 在各阶段活动中与小组成员愉快地分工合作						
	想说的话：						
家长评价	1. 孩子对活动感兴趣						
	2. 孩子的知识面拓宽了，综合运用知识能力得到提高						
	3. 孩子的探究、创新意识得到增强						
	想说的话：						
教师评价	1. 学生能主动发现问题，提出问题，寻求解决问题的方法						
	2. 学生乐于合作，勤于实践，善于反思						
	3. 学生的主体性得到一定发挥，高级思维有所产生						
	想说的话：						

4. 评选优秀小诗人

请根据观察，评选出自己心目中的优秀小诗人。

第二十一章

诵读《诗经·国风·秦风·无衣》，践行爱国思想

《诗经》中的《无衣》有两篇，本课程学的是秦人抗击西戎入侵者的《秦风·无衣》，它是一首脍炙人口、慷慨激昂的从军曲。诵读这首洋溢着爱国主义激情的军中战歌，我们耳畔会响起中华民族几千年来顽强不屈的呐喊，我们心中会思考当今复杂社会环境下的爱国主义新行动。

小调查：《诗经》中的“战争诗”有哪些？

请写出你所知道的《诗经》中的“战争诗”。最好有内容简介。如果是摘录、引用的资料，须注明出处。谢谢！

一、引言（Introduction）

有网友曾强烈建议将《诗经·国风·秦风·无衣》定为中华人民共和国的军歌。近年来，这首古军歌备受推崇，在不同的舞台、影视里出现，为越来越多的人所熟悉。想不想知道，它为什么具有如此强大的生命力？想不想知道，自己如何才能学写一首“军歌”？

二、阅读（Reading）

“专题阅读”内容：《诗经·国风·秦风·无衣》《秦风·无衣（歌曲）》。

诗经·国风·秦风·无衣

（资料来源：http://article. hongxiu. com/a/2005－12－17/1012056. shtml）

qǐyuē　　　　　páo
岂曰无衣？与子同袍。

gēmáo
王于兴师，修我戈矛。
与子同仇！

qǐyuē
岂曰无衣？与子同泽。

máo jǐ
王于兴师，修我矛戟。

xié
与子偕作！

qǐyuē　　　　　cháng
岂曰无衣？与子同裳。
王于兴师，修我甲兵。

xié
与子偕行！

注释：

（1）袍：长衣。行军者日以当衣，夜以当被。就是今天的披风，或斗篷。“同袍”是友爱之辞。

（2）兴师：出兵。秦国常和西戎交兵。秦穆公伐戎，开地千里。当时戎族是周的敌人，和戎人打仗也就是为周王征伐，秦国伐戎必然打起“王命”的旗号。

（3）戈、矛：都是长柄的兵器，戈平头而旁有枝，矛头尖锐。

（4）与子同仇：等于说你的敌人就是我的敌人。

（5）泽：汗衣。

（6）戟：兵器名。古戟形似戈，具横直两锋。

（7）作：起。

（8）裳：下衣，此指战裙。

（9）甲兵：铠甲与兵器。

参考译文：

谁说没有衣服穿？你我共同披战袍。
国王兴兵要作战，修好我们的戈和矛，同仇敌忾赴战壕。

谁说没有衣服穿？你我共同穿汗衫。
国王兴兵要作战，修好我们的矛和戟，并肩携手齐向前。

谁说没有衣服穿？你我共同穿战裙。
国王兴兵排战阵，修好我们的铠甲和兵器，同心协力杀敌人。

温馨提示：

本诗属于典型的"赋体"。"重章叠唱"的手法很明显，反复吟唱不仅使诗意层层递进，而且产生独特的音韵美。一般来说，古诗词要尽量避免字词的重复出现。但凡事都有例外。《诗经》就是个例外，它里面的歌词当初配有音乐和舞蹈形式。可惜后来乐谱和舞蹈失传，只剩歌词。通过诵读，我们不难发现《诗经》里面的叠字、重复形成了一种回环往复的美。这样既有音乐美、格式美，还起到强调突出的作用。（资料来源：http://www.hfhpdx.cn/blog/user/songq677/blog-detail.shtml? blogID=6525b1c2-1742-422a-b1f2-af3ecbddc676,http://www.wwsj8.com/kj/6427143.html）

诗的背景，是西周的幽王（为了美女褒姒烽火戏诸侯的那位先生）为犬戎所杀，秦襄公护周平王东迁，并受王命攻打犬戎。王先谦先生解释本诗时说："西戎杀幽王，于是周室诸侯以为不共戴天之仇，秦民敌王所忾，故曰同仇也。"

这首诗一共三段，以复沓的形式，表现了秦军战士出征前的高昂士气：他们互相召唤、互相鼓励，舍生忘死、同仇敌忾。这是一首慷慨激昂的从军曲！

读着这首诗，仿佛回到了两千年前，我们的先辈们高唱着《无衣》，怀着对敌人的满腔仇恨，奔赴抗击犬戎的战场；读着这首诗，仿佛看到两千年前，我们的先辈们高唱着《无衣》舍生忘死，为保家卫国而浴血奋战；读着这首诗，让我不由得联想到，六十年前，我们的先烈们高唱着《义勇军进行曲》，冒着日寇的炮火，用血肉之躯筑起中华民族新的长城！

我喜欢这首诗，因为它发出了中华民族不屈的声音，展现了中华民族挺直的脊梁！在中华民族五千年的历史上，曾经多次遭受外族的入侵，曾经多次面临民族危亡的生死关头，然而我们一次次从血泊中爬起，前赴后继，向侵略者发出不屈的怒吼，用血肉之躯捍卫了我们民族的尊严，这是因为我们有着无比坚定的信念：中华民族是不可战胜的！

今天，在南京大屠杀68周年（2013年）的纪念日里，我作为一个南京人，在高鸣的汽笛声中，写下这些文字，来祭奠死在日寇屠刀下的同胞。

我也希望所有热爱着我们祖国、热爱着我们的民族的华夏儿女，能够从先辈的歌声中获得力量，鼓舞起战斗的勇气，让我们为了祖国的富强，为了民族的未来团结奋进，让我们用勤劳与智慧战胜横亘在面前的一切艰难与险阻。我相信，无论是什么样的内忧与外患，都无法让中华民族的优秀子孙屈服；我相信，我们的民族一定有光明而灿烂的未来！

（1）电视剧中的歌唱《秦风·无衣》片段。请点击 http://www. tudou. com/programs/view/VAC3rsBxZTk 链接，打开资源。

（2）《秦风·无衣》朗读录音。请点击 http://www. tudou. com/programs/view/LdLcgRGsqos/ 链接，打开资源。

（3）古军歌《秦风·无衣》新唱。请点击 http://www. songtaste. com/song/798254/ 链接，打开资源。

秦风·无衣（歌曲）

作词：萧十七妹

作曲：横山菁儿

演唱：李念卿

念白：李念卿

战火照亮甲胄
马蹄铮铮 旌旗傲首
烽烟寥 志当酬
咏出秦风不朽

岂曰无衣 与子同袍
修我戈矛 与子同仇

古道连台朔漠

秦关夜月　煮酒阡陌
手持利剑长戈
凛然气吞山河

岂曰无衣？与子同泽
修我矛戟（jǐ）与子偕作

念白：
岂曰无衣？与子同袍。
修我戈矛，与子同仇。
岂曰无衣？与子同泽。
修我矛戟，与子偕作。
岂曰无衣？与子同裳。
修我甲兵，与子偕行。

乱世锁征尘
共赴家国恨
夕阳血色沉
千载立雄魂
帝王不世业
争霸定乾坤

壮士埋骨山冈
鼓角铮鸣　风雨沧桑
浴血十里疆场
挟风弹铗高唱

岂曰无衣？与子同裳
修我甲兵。与子偕行

拓土 开疆　拜相
王（wàng 称王 ）四方

三、探究（Inquiry）

1. 文本探究：《诗经·国风·秦风·无衣》之妙

《诗经·国风·秦风·无衣》练习卷

学校＿＿＿＿＿＿＿＿ 班级＿＿＿＿＿＿＿＿ 姓名＿＿＿＿＿＿＿＿

岂曰无衣？与子同袍。
王于兴师，修我戈矛。
与子同仇！

岂曰无衣？与子同泽。
王于兴师，修我矛戟。
与子偕作！

岂曰无衣？与子同裳。
王于兴师，修我甲兵。
与子偕行！

同学们，认真阅读完后，请仔细答题：

（1）秦军要征伐的敌人是谁？（8 分）

＿＿＿＿＿＿＿＿＿＿＿＿＿＿＿＿＿＿＿＿＿＿＿＿＿＿＿＿＿＿＿＿＿＿＿＿

＿＿＿＿＿＿＿＿＿＿＿＿＿＿＿＿＿＿＿＿＿＿＿＿＿＿＿＿＿＿＿＿＿＿＿＿

（2）把下面具有递进关系的内容连线配对。（10 分）

同裳　　　　同仇
同泽　　　　偕作
同袍　　　　偕行

（3）《诗经》是现实主义诗歌的源头，从它这里流传出来的成语特别多。结合“同仇”和本诗的主题，你联想到了哪个成语？（10 分）

＿＿＿＿＿＿＿＿＿＿＿＿＿＿＿＿＿＿＿＿＿＿＿＿＿＿＿＿＿＿＿＿＿＿＿＿

＿＿＿＿＿＿＿＿＿＿＿＿＿＿＿＿＿＿＿＿＿＿＿＿＿＿＿＿＿＿＿＿＿＿＿＿

下面的题目越来越难了，但相信你一定行！

（4）《诗经》“国风”中，反战的诗篇不少。请你想一想，这些诗歌中的人民群众为什么会发出“厌战”声音？本诗中的将士（其实代表的是广大的人民群众）为什么却表现出一种高度的爱国热忱和英勇献身精神？不懂对比分析的话，可以举例说明。（13 分）

____

____

____

____

____

____

（5）请说一说这首诗歌的主要内容。（14 分）

____

____

____

____

（6）读了《诗经·国风·秦风·无衣》，你知道作者想告诉你什么吗？（14 分）

____

____

____

____

（7）“无衣”是整首诗的“诗眼”。作者就是针对它展开话题的。有人说，这是实写。也有人说，这是夸张。你觉得呢？请具体谈谈自己的观点。（15 分）

____

____

____

____

____

____

（8）想象一下，这首军歌会在什么样的情况下唱响？至少写出三个场景和唱歌的理由。（16 分）

____

____

表 3－7 《诗经·国风·秦风·无衣》练习卷内部结构

题号	权重	认知目标维度										
		记忆	理解	运用	分析			评价		创造		
					区分	组织	归属	核查	评判	生成	计划	产生
1	8%	√										
2	10%		√									
3	10%			√								
4	13%				√							
5	14%					√						
6	14%								√			
7	15%									√		
8	16%											√

2. 探究活动

（1）实践探究一：身边不爱国的行为。

探究方式师生共同商定，分小组进行（方案、记录表等另行设计）。

（2）实践探究二：生活中爱国不当的行为。

探究方式师生共同商定，分小组进行（方案、记录表等另行设计）。

 四、分享（Sharing）

1. 探究成果交流

结合“身边不爱国的行为”及“生活中爱国不当的行为”两大探究经历，开展专题演讲活动：新的时代，我们应该如何爱国？

2. 完整成果亮相

比一比，看哪个小组的完整成果最有特色。

3. 仿写诗经

《诗经·国风·秦风·无衣》运用的是“重章叠唱”手法，这是《诗经》中最常见的表现方法。“重章叠唱”属于词句和感情上的复沓，而复沓不是简单的重复，是反复咏唱，不断强化。

请认真观察在《诗经·国风·秦风·无衣》三个小节中体现“重章叠唱”的部分词语，尝试模仿这种写法。

“同袍”——“同泽”——“同裳”

（克服困难）

“戈矛”——“矛戟”——“甲兵”

（齐心备战）

“同仇”——“偕作”——“偕行”

（共赴战场）

关心时事的同学都知道，目前中国虽然处于和平环境，但在“南海”等问题上，很多小国都对我们虎视眈眈，可谓危机四伏。你能模仿《诗经·国风·秦风·无衣》写一首表达自己爱国情怀的小“誓词”吗？如果不想写“战争”题材，也可以抒发心中的其他感触。

4. 评价作品

学生互评仿写作品，教师点评。

5. 优秀学员投票

根据文本探究和实践探究综合表现，师生投票产生优秀学员。

第二十二章

探究《蓼莪》，继承孝道

《诗经》是我国的第一部诗歌总集，历经千年而不衰。它就像中国诗歌长河中最闪亮的灯塔，映照出亘古如新的中华文明。在《探究<蓼莪>，继承孝道》这门课程里，我们学文，聆听感天动地的“千古孝思绝作”；我们实践，于知行合一活动中继承和发扬孝道文化。

小调查：《诗经》知识知多少？

请写出你所知道的《诗经》知识，多多益善。如果是摘录、引用的资料，须注明出处。谢谢大家！

一、引言（Introduction）

《诗经》里的《蓼莪》，为什么被后人称为“千古孝思绝作”？为什么一些人每次读它，就会哽咽着停下来痛哭？《蓼莪》这首诗，到底藏着怎样的秘密？

二、阅读（Reading）

“专题阅读”内容：《蓼莪》《〈蓼莪〉教学记》《闻雷泣墓》。

Lù é

蓼莪

（资料来源：http://www.gushi160.com/gswsongdu/sddetail.asp? id=1055）

LùLù é fěi é yī hāo
蓼蓼者莪，匪莪伊蒿。

qú
哀哀父母，生我劬劳。

LùLù é fěi é yī wèi
蓼蓼者莪，匪莪伊蔚。

cuì
哀哀父母，生我劳瘁。

qìng yǐ léi
瓶之罄矣，维罍之耻。

xiǎn yī
鲜民之生，不如死之久矣！

hù shì
无父何怙？无母何恃？

xián xù mí
出则衔恤，入则靡至。

xī xī jū
父兮生我，母兮鞠我。

fǔ xù
拊我畜我，长我育我，

fù
顾我复我，出入腹我。

hào wǎng
欲报之德，昊天罔极！

bō bō
南山烈烈，飘风发发。

gǔ
民莫不穀，我独何害？

fú fú
南山律律，飘风弗弗。

gǔ zú
民莫不穀，我独不卒！

注释：

（1）蓼（lù）：形容植物高大。莪（é）：莪蒿，野草名。戴震《毛郑诗考证》："按莪，俗呼抱娘蒿，可知诗之取义矣。"

（2）伊：是。

（3）哀哀：形容悲痛不已的样子。

（4）劬（qú）：劳苦。

（5）蔚（wèi）：一种多年生草本，菊科。

（6）瘁（cuì）：劳累。

（7）罄（qìng）：尽。

（8）罍（léi）：酒器。

（9）鲜（xiǎn）：形容少的意思。

（10）怙（hù）：依靠。

（11）恤（xù）：忧。

（12）鞠（jū）：养育。

（13）拊（fǔ）：抚摸。

（14）顾：照看。

（15）复：来来回回。

（16）腹：怀抱。

（17）昊天罔极：比喻父母的恩德极大。

（18）烈烈：形容山高峻险阻。

（19）发（bō）发：形容风猛烈。

（20）穀（gǔ）：奉养。

（21）害：遇到灾害。

（22）律律：同"烈烈"。

（23）弗弗：同"发发（bō）"。

（24）卒：为父母养老送终。

参考译文：

莪蒿生长长又高，不是莪蒿是青蒿。
哀痛我的父和母，生儿养女太辛劳。

莪蒿生长高又肥，不是莪蒿却是蔚。
可怜我的父和母，生儿养女身憔悴。

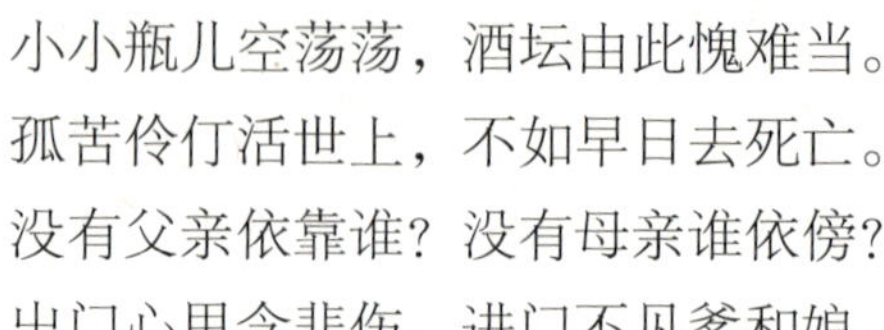
小小瓶儿空荡荡，酒坛由此愧难当。
孤苦伶仃活世上，不如早日去死亡。
没有父亲依靠谁？没有母亲谁依傍？
出门心里含悲伤，进门不见爹和娘。

父啊辛勤生下我，母啊养我劳苦多。
抚摸我来爱护我，成长我来教育我，
照顾我来挂念我，出出进进抱着我。
如今要报二老恩，老天无端降灾祸！

南山险峻难登上，暴风迅猛透骨凉。
别人都能养父母，我独为何遭灾殃？
南山高险难登上，暴风迅猛尘土扬。
别人都能养父母，我独无法去送葬。

温馨提示：

1. 同学们读《诗经》，可能会慢慢发现许多不和谐押韵的地方。这是因为《诗经》是上古时代的作品，我们的普通话跟那个时代的话很不一样了。2000 多年前押韵的某些诗句，因为语音的变化，现在读起来可能就不押韵了。

2. 如果觉得自己朗读有困难，请回到课程首页，点击“吟诵《蓼莪》”，看着字幕，跟着吟诵者反复诵读，读熟为止。

吟诵《蓼莪》（请点击链接，打开资源）

1. http://www.tudou.com/programs/view/FbWbh9nd_RQFbWbh9nd_RQ。

2. http://www.tudou.com/programs/view/cDS5g81VCEs/?fr=rec1&FR=LIAN。

《蓼莪》教学记

陈 琴

（资料来源：http://blog.sina.com.cn/s/blog_4d94fead0102e1nv.html）

老曾和王令芬老师一行来听课——《蓼莪》。

这首诗本来上学期学唱《跪羊图》时就要给孩子们上的，但考虑到这个班的孩子的特殊性，识字量少，阅读量少，学前的语言基础实在太薄弱，就放到这个学期。我们用一节课的时间（35 分钟）上完了这首诗。

首先，我故意做了一些情绪上的渲染："今天学的这首诗，其创作时间距今尽管已经有两三千年的历史了，可是，每一个读到它的人都会有层层的泪像浪涛一样漫上心头。陈老师的一个朋友是南京大学的一位教授，他跟我说六十岁之后，没有一次能把这首诗读完的，因为每次都哽咽着停下来痛哭；我们都熟悉的徐健顺老师前两天发来一封邮件，说自己在录这首诗时哭了三次，他说'这首诗太可怕啦'"。孩子们一片"啊?"的声音。

我说："当然，你们现在是不会这样的，因为你们还读不懂这首诗。但陈老师要教给你们这首诗。陈老师相信，若干年之后，这首诗总有一天会从你的心头慢慢爬出来，让你懂得它的好，让你知道什么叫思亲之痛。"

于是，我开始范读——我一直强调要范读，尽管我的普通话不标准，但范读是给孩子们打气，知道老师也会很认真地读这首诗或这篇文章，知道在他们接触这些文字之前，老师事先真的已经读了无数遍，因此，老师比他们熟悉。

然后，我带着孩子们读。我一遍，他们一遍。四五遍下来，基本上能读通了，我们就一起来读读译文。我给孩子讲解了"莪"与"蒿"的区别，把"匪莪伊蒿"的意思强调了一下，再读了两遍。然后重点再讲解"瓶之罄矣……我独何害"这两段。把这两段的文字重复地读了好几遍。

接着，带着孩子们吟诵。一开口，已经有部分孩子能吟诵了，尤其是前面几句："蓼蓼者莪，匪莪伊蒿，哀哀父母，生我劬劳；蓼蓼者莪，匪莪伊蔚，哀哀父母，生我劳瘁"，孩子们几乎不用教就已经能按着很规整的调式吟咏啦。这就是前期吟诵的练习打下的基础。

我边读也会边问，比如"出入腹我"是什么意思，有孩子马上就说"是抱着我的意思，因为有个'腹'字呀!"；"为什么会有'出则衔恤，入则靡至'的伤感?"他们说"因为父母都不在了，所以，回到家！也只是一个孤零零的人了。"

我发现一直没有跟读的天舜在那张《蓼莪》的诵读纸上画画，我问他："我能看看吗？"他抬起头，满眼是泪水，我心中一动，摸着他的头没说任何话，看他在诗的空白处画着三个手牵手的人，还写着："爸爸妈妈，我永远都爱你们！"

我对大家说，天舜因为身体不好，一直没开口读这首诗，但是他却读懂了这首诗的含义。语童马上跟我说："老师，我也在旁边写了'我爱爸爸妈妈'。"我表扬了她。马上有几个孩子争着说："我也写了，我永远都爱爸爸妈妈！"

接着，我打开《跪羊图》："我们上学期学过的这首歌，是现代版的《蓼莪》，很多孩子曾经被感动过。今天我们来复习一下，看看古代和现代的人在表达同样的感情时，语言方式有什么不一样。其实，你最后会发现，只要感情真挚，怎样叙说，都会很感人，当然，你述说的语言一定要有美感。"

孩子们跟着视频哼唱《跪羊图》。一遍之后，有孩子强烈要求再来一遍，于是，我们又唱一遍。第二遍没到一半，朱洲突然对我说："老师，王淳立哭啦！"我赶紧走过去问是怎么回事。他埋着头不说话。我说："哪儿不舒服吗？"他猛摇头。旁边的朱洲说："老师，他是难过啦。"我一看朱洲，她笑着的脸上竟然是淌着两行清澈的泪，而且，在那一刻，很多扭头看淳立的孩子都是脸上挂着泪的。于是，我对孩子们说："老师理解你们。其实，哭有什么难为情的？只要是真性情，我们就让它自然地流淌出来吧。老师知道你们都感动了，都有自己想说的话。但是，我们可以选择不同的表达方式，就像语童和天舜一样，用文字表达出来；像淳立一样，读到情动处，流泪也不要觉得是羞愧。这说明你们是真的懂得'孝'字的含义啦。"

铃声响了，下课。

王老师夫妇和老曾夫妇课后跟我交流，说"真没想到，这些孩子会因为一首诗哭了。如果不是亲眼见到，怎么相信一年级的孩子会因为诗经里的诗哭了！"

我说："孩子是可以教好的，而孝的情感是要从小教的，大了，就麻木啦。像这样的诗歌，从小不植入心田，长大再读，顶多也就是一番感慨，而不会入心入肺地信任。"

王老师问，为什么我们现在的大学生都不读这样的诗文呢？

不读的理由总是可以罗列出千万条的，比如，没时间，没精力，或者根本就不相信这些文字的好。但读的理由只有一条：经由这样的文字，我们的灵魂才能找到安放处。

头脑风暴：

1. 如果读完文章后有问题或想法，请自行"开启一个新话题"。
2. 其他同学若对某个同学的"新话题"感兴趣，可点击"回复"进行交流。

闻雷泣墓

王　裒（bāo）

（资料来源：http://tieba. baidu. com/f? kz = 1307980733）

魏晋时期营陵（今山东昌乐东南）人，博学多能。父亲王仪被司马昭杀害，他隐居以教书为业，终身不面向西坐，表示永不作晋臣。其母在世时怕雷，死后埋葬在山林中。每当风雨天气，听到雷声，他就跑到母亲坟前，跪拜安慰母亲说："裒儿在这里，母亲不要害怕。"他教书时，每当读到《蓼莪》篇，就常常泪流满面，思念父母。

图 3 -8　闻雷泣墓

三、探究（Inquiry）

1. 文本探究：《蓼莪》之妙

《蓼莪》练习卷

学校________________　班级________________　姓名________________

蓼蓼者莪，匪莪伊蒿；
哀哀父母，生我劬劳。
蓼蓼者莪，匪莪伊蔚；
哀哀父母，生我劳瘁。
瓶之罄矣，维罍之耻。
鲜民之生，不如死之久矣！
无父何怙？无母何恃？
出则衔恤，入则靡至。
父兮生我，母兮鞠我。

拊我畜我，长我育我，
顾我复我，出入腹我。
欲报之德，昊天罔极！
南山烈烈，飘风发发。
民莫不穀，我独何害？
南山律律，飘风弗弗。
民莫不穀，我独不卒！

同学们，认真阅读完后，请仔细答题：

1. 这首诗出自《诗经》中的哪一部分？（8 分）

2. 《诗经》的艺术特色，最为突出的就是“赋、比、兴”写作方法的运用。“兴”是“先言他物，以引起所咏之物”（即从一个事物联想到另外一件事物）。请想想，本诗第 3 段用来起“兴”的是什么？（10 分）

3. 请写出你所知道的“孝道”（尊老敬老）名言、故事……越多越好。（10 分）

下面的题目越来越难了，但相信你一定行！

4. 为了加重哀思，诗人用了四个入声字重叠，读来如呜咽一般。请把这四个重叠字找出并写下来。（13 分）

5. 请说一说这首诗歌的主要内容。（14 分）

6. 读了《蓼莪》，你知道作者想告诉你什么吗？（14 分）

7. “赋、比、兴”表现方法中的“比”，是“以彼物比此物”，也就是比喻之意。那么，作者所用的“莪蒿（抱娘蒿）”和“青蒿、蔚”各比喻什么？如果你是诗人，会怎么比喻？（15 分）

8. 请模仿《蓼莪》，尝试用四言、重章叠句、双声叠韵加赋比兴的方法，写一首“现代诗经”（尾字尽量押韵哦），以表达你对父母的感激、赞美、敬佩等情感。（16 分）

表3－8 《探究〈蓼莪〉，继承孝道》练习卷内部结构

题号	权重	认知目标维度										
		记忆	理解	运用	分析			评价		创造		
					区分	组织	归属	核查	评判	生成	计划	产生
1	8%	√										
2	10%		√									
3	10%			√								
4	13%				√							
5	14%					√						
6	14%								√			
7	15%									√		
8	16%											√

2. 实践探究

（1）实践探究一：父母之爱。

如何表达自己对父母的爱？各小组请选择一种方式来表达。

（2）实践探究二：仿写诗经。

仿写诗经

通过本课程，我们初识了《诗经》，重点品读了《蓼莪》。俗话说，学以致用。现在，到了我们牛刀小试的时候了。请尝试用四言、重章叠句、双声叠韵加赋比兴的方法，写一首“现代诗经”（尾字尽量押韵哦）。你可以赞美父母对你的爱，也可以模仿《诗经》中其他的名篇，写自己想写的内容。

四、分享（Sharing）

1. 尽孝经验

同学们，前段时间《蓼莪》表达出的那种不能终养父母的痛极之情深深感动了我们。大家纷纷用切身行动向父母、长辈奉献了关爱。现在，到了我们分享尽孝经验的时候了！

2. “探究《蓼莪》，继承孝道”综合实践活动评价表

表 3－9 “探究《蓼莪》，继承孝道”综合实践活动评价表

学校________________ 班级________________ 年 月 日

姓名		我的小组		指导教师	
评价主体	评价要点	评价等级（打√）			
		好	较好	一般	需努力
学生自评	1. 会吟诵《诗经》中的《蓼莪》等名篇				
	2. 探究了古诗歌《蓼莪》，基本能用“现代诗经”的形式，结合生活内容进行仿写				
	3. 初步懂得了怎样尽孝，能付诸实践并持之以恒				
	4. 在制定各种表格、计划及整理成果、总结汇报等活动中承担了一定的任务				
	想说的话：				
组员评价	1. 通过主题活动，该同学会吟诵《诗经》中的《蓼莪》等名篇了				
	2. 活动开展过程中，该同学在言行举止中表现出对同学、老师、父母的尊重				
	3. 在各阶段活动中能与小组成员愉快地分工合作				
	想说的话：				
家长评价	1. 跟活动开展前相比，孩子有孝顺父母的行为了				
	2. 孩子开始喜爱浏览、诵读经典文化篇目了，综合运用知识的能力得到提高				
	3. 孩子积极地参与了小组的合作学习任务				
	想说的话：				
教师评价	1. 学生通过阅读、探究学习提出了一个以上的问题				
	2. 学生参与了小组的各阶段活动				
	3. 在探究表格、活动计划的设计中和仿写创作中，训练了高级思维，解决问题的能力有所提高				
	想说的话：				

3. 选出优秀学员

根据文本探究和实践探究综合表现，师生投票产生优秀学员。

附课程实施后生成的相关表格：

表 3－10 “父母之爱”手抄报评分表（风云三班制）

项目及分值 \ 姓名										
内容	主题鲜明	2								
	内容丰富、健康	2								
	原创	1								
版面	报头（刊名、标注）、小标题大小适中，醒目美观	1								
	插图服务主题，合理美观	1								
	书写规范整洁，无错别字	1								
创意	内容	1								
	设计	1								
总得分										

表 3－11 “父母之爱”探究记录表

学校		班级		姓名		时间	
类别	金点子		探究过程描述		分析		
衣	整理自己衣橱里的衣服，计算件数，请父母估算单价、总价。						
食	记录下父母7天里所买菜的种类，价钱；哪些是自己爱吃的。						
住	自己的房间有些什么？哪些物件特别包含着父母的爱？						
行	统计上小学以来父母带自己旅游过的地方，共花费多少。						
健康	查看并记录父母带自己看病的有关资料（如，公医卡或医保卡信息；医生诊断意见；医生收费发票等），越详细越好。无底可查的，可询问父母。						
教育	到目前为止，父母给自己报的兴趣班有哪些？每一种寄托着父母什么样的期望？						
游戏	从小到大，父母最爱和自己玩的游戏是什么？怎么玩的？						

第二十三章

做谦谦小君子

同学们，你们听说过“半部论语治天下”吗？儒家经典之作《论语》里面藏着很多秘密，作为一个中国人，不可不读！江老师建议你们把柳恩铭博士的《论语心读》定为班书，熟读之，沐浴君子之风；践行之，锻造君子之魂。衷心希望你们学习这门课程之后，人人争做温润如玉的谦谦君子。

热身活动：知无不言

请写出你所知道的“君子”名句，最好注明出处。谢谢！

一、引言（Introduction）

同学们，读《论语》时，我们不难发现，与“君子”相对的是“小人”。如，“君子坦荡荡，小人长戚戚”“君子和而不同，小人同而不和”。后世批评孔子的人总爱拿这句话当证据：“唯女子与小人难养也”——《论语》中的“小人”，与今天的“小人”是一样的意思吗？

二、阅读（Reading）

“专题阅读”内容：《“君子”：〈论语〉中唯一一个贯穿始终的概念》《君子之道》《君子之风》。

“君子”：《论语》中唯一一个贯穿始终的概念

（资料来源：http://rufodao. qq. com/a/20150201/018215. htm）

“君子”一词在《论语》中共出现107次，并且在所有二十篇中都有出现，在开篇第一章和最后一篇最后一章中都提到了“君子”，是《论语》中唯一一个贯穿始终的概念，可见其地位之重要。实际上，孔子当年办学，所创办的学校就是培养“君子”的学校，孔子就是“君子之师”，孔子之学就是“君子之学”。

所谓“君子”，从字面上看，由“君”和“子”两个单字组成。“君”，按《说文解字》：“君，尊也。从尹，发号，故从口。古文像君坐形。”段玉裁注云：“尹，治也”；下面的“口”，表示发布命令。因此，“君”的本义应为发号施令的统治者，包括“国君”以及“家君”等。“子”，在古代是对男子的尊称。其本义是“初生”，故后来借用为阳气初生时的时间单位——“子时”。“子”后来也泛指后代，包括儿子、子女和子孙等。“君子”合起来指“君”的后代，当时是一种尊称，意为居于社会上层的贵族阶层成员，突出的是其“位”，是当时的“在位者”即统治阶层成员的通称。

孔子的贡献，在于对“君子”内涵进行了重新界定，使之成为既有地位又有品位的专业管理者。孔子主张：“君子谋道不谋食。耕者，馁（něi）（没有勇气）在其中矣；学也，禄在其中矣。君子忧道不忧贫。”（《论语·卫灵公》）因此，当他的学生樊迟请求学种庄稼，孔子回答说：“我不如老农民。”樊（fán）迟又请求学种蔬菜，孔子说：“我不如老菜农。”樊迟出门以后，孔子评论道：“樊须真是个‘小人’！在上位者重视礼制，民众就不会不敬上；在上位者重视公义，民众就不会不服从；在上位者重视诚信，民众就不会不动真情。如果是这样，那么四方的民众就会背着子女前来投奔，哪里用得着自己种庄稼?”这里的在上位者就是“君子”，“小人”就是小民老百姓，二者之间并不存在道德上的高低区分，而只有地位上的上下差别。

那么，居于上位的“君子”，应该具备什么样的品位呢？据《论语·宪问》记载：南宫适问于孔子曰：“羿（yì）善射，奡（ào）荡舟，俱不得其死然，禹稷（jì）耕稼，而有天下。”夫子不答。南宫适出，子曰：“君子哉若人，尚德哉若人。”孔子这里在对南宫适的称赞中，明确把“君子”与“尚德”联系起来。“君子”者必“尚德”，“尚德”者必“君子”，“尚德”就是君子应该具备的内在本质，应该拥有的高尚品位。

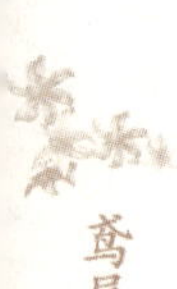

孔子所界定的“君子”，具有两重属性：一方面，“君子”是社会的管理者，必须承担起社会管理的职责；另一方面，“君子”又是理想人格的化身，应该成为社会大众的道德楷模。经过千百年的演绎，第二重属性逐渐被强化，直至成为“君子”的唯一内涵。

头脑风暴：

1. 孔子口中的“小人”，与今天的“小人”是一样的意思吗？
2. 作者在文中提出了较为新颖的观点，你认为是什么？

君子之道

（资料来源：http://www.sanwen.net/subject/3642559/）

一直喜欢“君子”二字，因为它是最能体现中国正道之人的价值取向。在我看来，君子比勇士更儒雅，比绅士更正义，较之书生少了几分酸腐之气，比之英雄少了几分草莽之气。君子达可兼济天下，穷可独善其身。孔孟之道，即是君子之道；可君子之道，却又不拘泥于孔孟之道。

君子必守道，君子之道，在于心系苍生，“先天下之忧而忧，后天下人之乐而乐”，一个真正的君子，关心的是国家大事，总是把原则、道义置于首位，“君子喻于义，小人喻于利”，在君子眼中国家安危、黎民幸福才是他最为关心的事情。杜甫自己身处茅屋之中，尚且发出“安得广厦千万间，大庇天下寒士俱欢颜”的呼声。君子为国家，为百姓，文可以鞠躬尽瘁，死而后已；武可以投笔从戎，战死沙场。君子可以自横刀向天笑，留取丹心照汗青。国家安逸时君子可以退隐山野，泛舟五湖，可当国家于危难时、为救百姓于水火时，君子可以慷慨赴死，舍生取义。

君子之道，在于不事权贵，古往今来，身为君子者，必定是藐（miǎo）视权贵，宁折不弯。如李白的“天子呼来不上船”，如陶渊明的“不为五斗米折腰”。身为君子，可以入世，可以做事，但始终保持着自己人格的独立，接人待物、处朋交友，看重的是性情相投、品德高尚，绝不是看其是否为高官达人、能否为己所用。曲身事权贵，阿谀奉承，是君子所不耻之事也。君子当是坦坦荡荡，见到权贵，不卑躬屈膝。能做到俯仰无愧，方乃君子本色也，君子“彼以其爵，我以吾义”，故而能笑傲王侯，我行我素。乐道忘势。

君子之道，在于藐视金钱，富贵于我如浮云，千金散尽还复来，君子所性，虽大行不加焉，虽穷居不损焉，“彼以其富，我有吾仁”，如颜回，一箪（dān）

食，一瓢饮，在陋巷，人不堪其忧，也不改其乐。君子得财，取之有道；君子之财，广施天下，为的帮助天下穷苦之人。君子忧道不忧贫，君子不求奢华、不求富贵，行事为人，无愧己心。吝惜钱财、自私自利、斤斤计较之人，离君子之德已远。

君子之道，在于恪守礼仪，懂得自制。君子懂得三戒：少之时，血气未定，戒之在色；及其壮也，血气方刚，戒之在斗；及其老也，血气既衰，戒之在得。身为君子，虚怀若谷，求知若渴，敬重长者，关怀幼者，文质彬彬，谦虚有礼，君子不做苟且之事，光明磊落、行事正派，贪色忘义、张狂跋扈、恃才傲物之人、亦非君子也。

君子之道，在于信守承诺，“言忠信、行笃敬”，君子之言，言必行，行必果。荆轲刺秦王，风萧萧兮易水寒，壮士明知一去不复还，仍然义无反顾，断然出征，抛却性命，为的就是一个信字，君子之诺，重于泰山；君子一言，驷马难追。与君子相交，可以坦怀心思，可以全然相托，因为君子一旦承诺，必然是以性命践行之，绝无半点反悔。

君子之道费而隐，君子食无求饱，居无求安，敏于事而慎于言，就有道而正焉；君子亦非酸腐之人，吟风弄月，琴棋书画，样样精通；君子学富五车、饱读诗书、满腹经纶；君子也有缺点和过错，可君子懂得，知错能改，善莫大焉之道。诚如孔子弟子子贡所说：“君子之过也，如日月之食焉：过也，人皆见之；更也，人皆仰之”

何谓君子，“君子在于可以托六尺之孤，可以寄百里之命，临大节而不可夺也。君子人与？君子人也”。叹时下世人，总以为外国的月亮才是圆的，什么都要学习西方，照搬西方，处处学做绅士，以为这就是真正的素质与涵养，实在是可笑之极。我堂堂中华，浩瀚五千年文化，一个君子之道，已经足以让那些所谓的绅士礼仪相形见绌。绅士礼仪，不过是一点皮毛之术，而君子之道，体现着一个真正的中国人的灵魂与傲骨，支撑着一个民族的尊严与脊梁。做事需先做人，吾辈虽女流，亦要以君子之道为诫，日日自省，三修吾身。

头脑风暴：

1. 你赞同作者感悟到的“君子之道”吗？为什么？
2. 读了本文，你想到了哪些君子之道？

《论语》全册吟诵（请点击链接，打开资源）

1. 第一至十篇：

http://www.ximalaya.com/10871445/album/265555。

2. 第十一至二十篇：

http://www.ximalaya.com/10871445/album/267227。

《论语》之论君子。请点击 http://wenku.baidu.com 链接，打开资源。

歌曲：君子之风。请点击 http://www.5nd.com/ting/597383.html 链接，打开资源。

君子之风

作词：清　瑢

作曲：石　焱

编曲：方　辉

演唱：车晓菲

你说你爱梅开 凌寒迎雪红
我唱我爱兰幽 奕奕山谷中
梅香把春报 兰芳送怡情
傲骨清韵皓月明 岁岁入画屏
你绘水墨丹青 翠竹云天耸
我填新词一首 菊花傲霜浓
修竹心有节 种菊品自成
无影无形却有声 古今留美名
君子之风 高洁庄重
做人应如是 磊落光明
至善至美 谦恭有礼
大爱行天下 世代昌盛
君子之风 高洁庄重
做人应如是 信义忠勇
至真至诚 宽容有让
千秋无限好 家国圆梦

三、探究（Inquiry）

1. 如何建设君子班级

各小组带领组员，策划出一个方案，如何建设君子班级（表格等自制）。

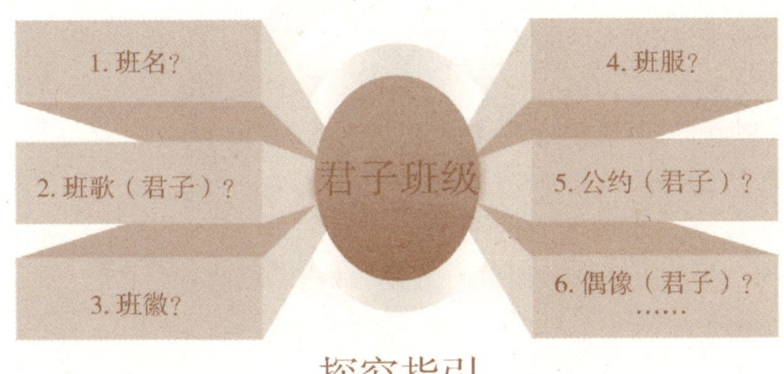

图3－9

2. 如何开展君子宣传活动（结合校园文化建设）

结合校园文化建设，各小组自行探究，方法不限。

四、分享（Sharing）

1. 完整成果大亮相

比一比，看哪个小组的成果最优秀。

2. “做谦谦小君子”综合实践活动评价表

表 3－12 “做谦谦小君子”综合实践活动评价表

学校＿＿＿＿＿＿＿＿ 班级＿＿＿＿＿＿＿＿ 年 月 日

姓名		我的小组		指导教师	
评价主体	评价要点	评价等级（打√）			
		好	较好	一般	需努力
学生自评	1. 会吟诵《论语心读》或其他古籍中关于“君子”的名句				
	2. 初步懂得了怎样做君子，能付诸实践并持之以恒				
	3. 在制定方案、规则及整理成果、总结汇报等活动中承担了一定的任务				
	4. 为“君子”班级或校园文化的建设贡献了自己的力量、智慧				
	想说的话：				
组员评价	1. 通过活动，该同学背诵了关于“君子”的名句				
	2. 活动开展过程中，该同学在言行举止中表现出日渐浓厚的君子风范				
	3. 在各阶段活动中能与小组成员愉快地分工合作				
	想说的话：				
家长评价	1. 跟活动开展前相比，孩子有更文明儒雅的行为了				
	2. 孩子开始喜爱浏览、诵读关于君子的经典文化篇目了，综合运用知识的能力得到提高				
	3. 孩子积极参与了小组的合作学习任务				
	想说的话：				
教师评价	1. 学生对主题活动感兴趣				
	2. 在阅读、探究、分享等活动中训练了高级思维能力				
	3. 能通过个体或小组活动历练自我，君子品格有所形成或得到更高的提升				
	想说的话：				

3．评选班级小君子

请你根据自己的观察，推选出我们班的“谦谦小君子”候选人。

案例回眸：诵读《诗经·国风·秦风·无衣》，践行爱国思想

江 梅

一、活动主题的提出

2012年2月，广州市天河区率先拉开了中华文化经典教育工程的序幕，希望通过实施这一教育工程，对提升人文素养，构建区域中华文化经典教育特色课程体系，打造天河特色教育品牌，丰富智慧天河内涵起到重要推动作用。其后，全区的校长、教师、学生乃至家长对经典教育工程的参与度颇高，诵读天河区经典文化教育推荐书目的活动开展得如火如荼。由于行政力量的助推，我校德育部门也高度重视班级经典教育工作，这就促使我思考：（1）如何避免经典教育活动只停留在“之乎者也”的吟诵或背诵之上？能否让经典文化的学习不脱离当今时代、不脱离生活实际，从而焕发出勃勃生机？（2）大部分小学语文老师教学、管理任务繁重，在时间、精力皆为有限的条件下，身兼班主任和综合实践指导老师的我若分头设计、指导相关活动，必定力不从心。所以，我必须依靠“课程整合”的理念，利用好鸢尾花（IRIS）模式（我们鸢尾花团队早年就提出了“由阅读走向实践，做知行合一真人”的口号），紧扣我区经典教育总目标（培养学生健全的人格），开创性地在综合课程的设计中融入国学教育内容。如果学生能在主题活动的实施中持续展开课上经典读写及课后探究活动，逐渐形成“知行合一”的品格，那么综合实践课程的“培养学生的实践能力和创新精神”及经典教育的“传承经典文化，形成健全人格”等目标就不难达成了。

当然，美好的设想首先要有良好的课程做根基。中华经典文化博大精深，要找到适合学习对象并融“读—写—实践”为一体的经典篇目实非易事。利用暑假，我细读了《诗经》，终于从宝库中寻觅到了几颗璀璨的明珠。经过更为精心地挑选、组织，《诵读〈诗经·国风·秦风·无衣〉，践行爱国思想》和《探究〈蓼莪〉，继承孝道》两个基于天河部落Moodle的鸢尾花（IRIS）专题课程终于诞生了。

二、《诵读〈诗经·国风·秦风·无衣〉，践行爱国思想》的课程架构

作为鸢尾花（IRIS）综合课程的一个类别，“学习感悟中华传统教育”课程重在引导学生仿写，发展“创造”维度的高级思维能力；通过主题实践活动形

成“知行合一”的品格。我构建此类课程的思路是从《诗经》开始，精选国学纯文本及主题可视化资源作为课程架构，形成中国古代诗歌脉络的系列综合课程。以《诵读〈诗经·国风·秦风·无衣〉，践行爱国思想》为例，纯文本指古诗歌《诗经·国风·秦风·无衣》，主题可视化资源包括与《诗经·国风·秦风·无衣》有关的网络文章、音频、视频等。该课程界面包括课程说明和引言、阅读、探究、分享四个模块。课程说明简要介绍本课程所涵盖的经典内容，以导语呈现课程的主要内容，吸引学生的注意力；引言、阅读、探究、分享四个模块则分别利用 Moodle 的不同功能设置相关资源及活动，牵引学生网上、网下逐步完成课程学习任务。

三、《诵读〈诗经·国风·秦风·无衣〉，践行爱国思想》课程的实施

1. 诵读《诗经·国风·秦风·无衣》，开展文本探究活动

2013 年 9 月中旬，我布置了《诵读〈诗经·国风·秦风·无衣〉，践行爱国思想》课程的学习任务之后，由于我们新搬入的瑞安校区还没开通多媒体及网络线路，所以家里有上网条件的学生才得以登录天河部落 Moodle（魔灯）平台，打开《诵读〈诗经·国风·秦风·无衣〉，践行爱国思想》课程界面进行浏览。这些学生自主阅读课程内容之后，回校在课堂上表现出较高的兴致，也提出了疑惑。如，从哪里可以观看《诗经·国风·秦风·无衣》的歌舞？解放军军歌写的是什么？

为了克服教学硬件的滞后，解决部分学生无法上网学习的困难，我把《诗经·国风·秦风·无衣》抄在黑板上，课上诵读，针对学生的疑惑适当讲解诗歌所蕴含的文学知识，重点了解“重章叠唱”创作手法，再把打印好的《诗经·国风·秦风·无衣》练习卷下发给学生，让他们在练习卷的完成中尝试“文本探究”活动，获得仿写的基本文学知识的同时，训练高级思维。不过，罗马不是一日建成的，一些学生畏于材料的艰深，加上认知水平和生活体验的欠缺，完成练习题的质量差强人意。也许，持续的、有目的的训练能逐渐改变他们的答题状况。

2. 堂上“大阅读”，选题并制定方案

10 月下旬，学校的课室终于可以使用多媒体设备，学生也得以在课堂上进行“大阅读”活动（不局限于传统的“纸质”阅读）：观看链接到课程里的文本、音频、视频资源，模仿朗读、吟诵或哼唱。通过阅读模块的学习，他们从文本、听觉、视觉等不同角度初识了《诗经·国风·秦风·无衣》，了解了经典文化的传承、演绎可以古为今用，有不同的形式、载体。这种程序性知识的获得，为后阶段的班级展演奠定了基础。同时，我引导学生聚焦核心探究问题：《诗

经·国风·秦风·无衣》这首古军歌拥有强大的生命力，主要是因为它彰显了一种怎样的思想？可以说，核心问题的解决，让学生明白了“爱国主义思想”是《诗经·国风·秦风·无衣》传唱至今的关键原因。

在后来的“选题”课堂上，我运用头脑风暴策略、概念图支架引导学生围绕班级主题“诵读《诗经·国风·秦风·无衣》，践行爱国思想”发散思维，提出自己感兴趣的问题；根据选题原则，指导学生对问题进行规整、筛选，确定6个左右的小研究主题：钓鱼岛的主权归属调查（集思广益组）；爱国不当行为调查（仁人志士组）；韩国人爱国探秘（雷厉风行组）；反日游行的利与弊（盼岛回归组）；不爱国行为大调查（啄木鸟组）；爱国，我们在行动（爱国者联盟组）。“选题”课结束后，各小组学生又在“方案制定课”上合作制定了活动方案，见表3－13。

表3－13 “探究《诗经·国风·秦风·无衣》，践行爱国思想”主题活动小组方案

<table>
<tr><td colspan="2">小组名称</td><td colspan="2">仁人志士</td><td colspan="3">指导教师、家长</td><td colspan="5">江梅，苏俊桦妈妈</td></tr>
<tr><td colspan="2">组长</td><td>苏俊桦</td><td>小组成员</td><td colspan="8">温蔚彤（副组长）、周嘉、林佳钥、欧阳雨婷、林嘉俊、刘洋</td></tr>
<tr><td colspan="2">活动主题</td><td colspan="10">爱国不当行为调查</td></tr>
<tr><td rowspan="9">活动计划</td><td rowspan="2">活动步骤</td><td rowspan="2">成员分工</td><td colspan="5">活动形式</td><td colspan="4">成果展示</td></tr>
<tr><td>查找资料</td><td>拍照</td><td>采访</td><td>问卷调查</td><td>其他</td><td>小报</td><td>幻灯</td><td>报告</td><td>其他</td></tr>
<tr><td>1. 上网或者阅读有关爱国不当行为的资料</td><td>全体组员</td><td>√</td><td></td><td></td><td></td><td></td><td rowspan="6">√</td><td rowspan="6">√</td><td rowspan="6"></td><td rowspan="6"></td></tr>
<tr><td>2. 根据活动内容以及目标设计调查问卷并复印</td><td>苏俊桦，苏俊桦妈妈，温蔚彤</td><td>√</td><td></td><td></td><td></td><td>问卷设计</td></tr>
<tr><td>3. 准备调查方案，出外活动</td><td>全体组员</td><td></td><td>√</td><td>√</td><td>√</td><td></td></tr>
<tr><td>4. 调查问卷回收、统计分析</td><td>苏俊桦，温蔚彤</td><td></td><td></td><td></td><td></td><td>统计分析</td></tr>
<tr><td>5. 制作PPT，展开宣传活动</td><td>苏俊桦，苏俊桦妈妈</td><td></td><td></td><td></td><td></td><td>制作PPT</td></tr>
<tr><td>6. 总结汇报</td><td>苏俊桦，温蔚彤</td><td></td><td></td><td></td><td></td><td>班级汇报</td></tr>
<tr><td></td><td></td><td></td><td></td><td></td><td></td><td></td><td></td><td></td><td></td><td></td></tr>
</table>

续上表

<table>
<tr><td>小组名称</td><td colspan="2">仁人志士</td><td colspan="2">指导教师、家长</td><td colspan="2">江梅，苏俊桦妈妈</td></tr>
<tr><td>组长</td><td>苏俊桦</td><td>小组成员</td><td colspan="4">温蔚彤（副组长）、周嘉、林佳钥、欧阳雨婷、林嘉俊、刘洋</td></tr>
<tr><td>活动主题</td><td colspan="6">爱国不当行为调查</td></tr>
<tr><td>活动计划</td><td>时间安排</td><td colspan="2">活动准备阶段
9 月 10 日—9 月 20 日</td><td colspan="2">活动实施阶段
9 月 21 日—10 月 15 日</td><td>活动总结阶段
10 月 16 日—10 月 25 日</td></tr>
<tr><td>活动需注意的问题</td><td colspan="6">1. 统一着装，穿夏季校服。
2. 必须每人有一个家长陪同。
3. 听从大家的建议和意见，一起行动，两人一组。
4. 活动时间：9月22日7:00am—8:00pm；活动地点：华润万家；在规定时间内拍照或采访。
5. 自己做好统计再上交。</td></tr>
</table>

3. 由阅读走向实践，践行知行合一理念

完成课程上的文本探究和“大阅读”活动之后，各小组学生的“阅读”其实还在延续：查找与本组研究主题相关的背景知识。其后，他们按照活动方案走进与研究主题相对应的社区场所，开展观察、调查、访谈等探究活动，在此过程中锻炼综合运用访谈、调查等研究方法解决问题的能力，并及时记录下自己的观察和思考。我则利用课余时间的询问、反馈和“中期汇报课”掌握各小组的实践情况，了解学生实践过程中出现的问题，及时提供帮助。

活动后期，学生在智囊团（一般是小组聘请的家长）的指导下初步统计、分析、总结活动数据，锻炼“分析、评价”维度的高级思维能力。整理成果时，集思广益组得出的研究结论是：我们组的资料表明，从古至今，每一丝历史都体现着钓鱼岛是归属中国的。日本为什么敢争呢？钓鱼岛争端靠的是什么呢？靠的是国力。我们的祖国还不够强大，不能吓倒日本。例如夏威夷，它离美国那么远，却没有国家敢跟美国争。钓鱼岛是中国的固有领土，我们要让祖国理直同时气壮。少年强则国强，希望大家今后努力学习，振兴中华！这样的总结文字，不仅初步显示出学生已把知识变成观点，还会将思考付诸行动。知行合一的理念，在他们的生活实践中悄然得到践行。

4. 在分享中提升高级思维能力

《诵读〈诗经・国风・秦风・无衣〉，践行爱国思想》课程的最后学习任务，就是要求学生网上网下交流、展示、宣传小组研究成果。网下，全班同学在学校的舞台上表演了《诵读〈诗经·国风·秦风·无衣〉，践行爱国思想》情景剧，在全校师生面前呈现这种融经典诵读、实践探究和思想教育于一体的课程实施模式；各小组还在堂上的“总结汇报课”上积极展示，倾听的同学踊跃提出意见或建议。在共享智慧中，在多元评价表的填写中，学生学习着颇有深度的反思和评价，见图3－10。

“诵读《秦风·无衣》 践行爱国思想”综合实践活动评价表

学校：龙口西小学　班级：五（3）　2012年 12 月 26 日

姓名	温蔚彤	所属小组	仁人志士	指导教师	江梅

评价主体	评价要点	好	较好	一般	需努力
学生自评	1、会吟诵《诗经》中的《秦风·无衣》等名篇。		√		
	2、探究了古诗歌《秦风·无衣》，基本能用“现代诗经”的形式，结合生活内容进行仿写。	√			
	3、初步懂得了怎样去爱国，能付诸实践并持之以恒。	√			
	4、在制定小组活动方案、外出实践、整理成果或总结汇报等活动中承担了一定的任务。	√			
	想说的话：我觉得自己在这次活动中表现还不错，要继续努力，多贡献点力量。				
组员评价	1、通过主题活动，该同学会吟诵《诗经》中的《秦风·无衣》等名篇了。	√			
	2、活动结束后，该同学没有不爱国的行为，或者不爱国的行为减少了。	√			
	3、在各阶段活动中能与小组成员愉快地分工合作。	√			
	想说的话：温蔚彤在综合实践中表现真的很好，每次活动都参加了。				
家长评价	1、孩子对主题活动感兴趣。	√			
	2、孩子开始喜爱浏览、诵读经典文化篇目了，综合运用知识的能力得到提高。		√		
	3、孩子积极地参与了小组的课外实践活动。	√			
	想说的话：通过这次实践活动，彤彤对古诗文有较深的认识，也结合了生活加以应用，将爱国思想付诸行动中。仇晴				
教师评价	1、学生通过阅读、选题活动提出了一个以上的问题。		√		
	2、学生参与了小组的各阶段活动。	√			
	3、综合运用资料查找、提纲访谈、问卷调查、数据分析等研究方法解决问题的能力有所提高。	√			
	想说的话：我欣赏你写的诗歌，也欣赏了你活动中的风采（从小组照片中）。盼你能在下个主题活动中大胆竞争小组长！				

图3－10　学生的多元评价表

网上，学生模仿《诗经·国风·秦风·无衣》的“重章叠唱”之法，结合阅读、实践体验就社会热点时事“钓鱼岛事件”有感而发，写出了像模像样的“现代诗经”。布卢姆（Bloom）认知目标过程维度分类表中，“创造”维度的下位指标是“生成”“计划”和“产生”。在我研制的“小学生阅读高级思维能力评价体系”之中，“产生”的评估标准为：将阅读文章产生的联想和领悟迁移到其他情境之中，解决问题。这些仿写的小诗基本符合“产生”评估标准，初步彰显了学生“创造”维度的高级思维。学生仿写作品示例，见图3－11。

保钓·岂容窃取

由 周 宇涵 发表于 2012年09月16日 Sunday 22:17

岂容窃取？有史为证。坚决保钓，不共戴天。

岂容窃取？欺我忍让。坚决保钓，同仇敌忾。

岂容窃取？重拳反制。坚决保钓，还我河山。

钓鱼岛的呼唤

由 苏 俊桦 发表于 2012年09月23日 Sunday 22:33

中国母亲，感恩予命。血脉相连，历史为证。

中国母亲，感恩命名。经历沧桑，我心不变。

中国母亲，感恩相伴。敌人叫嚣，我心依旧。

中国母亲，感恩守卫。重归怀抱，指日可待。

图3－11　学生仿写作品样例

课程学习全部结束前，学生最期待的就是评选优秀小组、优秀组员和优秀指导家长，见图3－12。以下是《诵读〈诗经·国风·秦风·无衣〉，践行爱国思想》Moodle课程上的投票截图，见图3－13。

图3－12　给优秀组员、优秀小组和优秀指导家长颁发的奖状

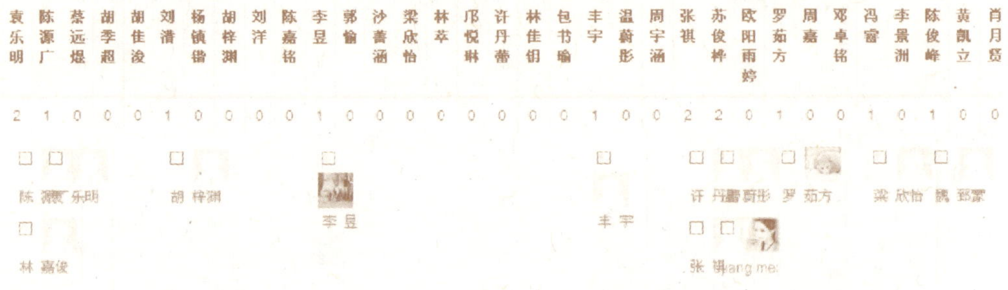

图3－13　学生利用Moodle课程上的“投票”功能评选优秀学员

四、教师反思

“诵读《诗经·国风·秦风·无衣》，践行爱国思想”综合实践活动的开展，是我努力整合各种资源，力求高效实施课程的又一次尝试。

德国教育家赫尔巴特（Herbart）认为，教育的最高目的是道德。由此，他提出了“教学的教育性原则”，即不同课程的教学都能实现道德教育的目的——此原则首先能为综合实践活动指导老师整合各种资源和各科课程提供理论支撑。其次，通览《综合实践活动课程指导纲要》，所表述的总体目标也蕴涵了丰富的德育元素，彰显着一种德育追求，要求我们注重目标的生活性与社会性融合——生活感知和社会参与是儿童品德与社会性发展的来源；注重目标的行为性与体验性融合——学生亲历实践，积极开展活动，才能产生丰富的感受和体验；注重认知目标与情意目标的融合——儿童品德的培养不能仅仅停留在认知的层面，情感、态度、价值观是品德维系和外化为行为的基石。

此次主题活动特别关注“道德目的”的原因，我已经在“主题活动的提出”中讲明，因而不再赘述。记得在天河区经典教育大讲坛系列活动上，上海电视大学教授、中国孔子基金会学术委员会委员鲍鹏山先生做了题为《传统文化与教育》的讲座。他告诫天河的老师，当前中小学、幼儿园教育中开展中华文化经典教育，最重要的不是教给孩子多少知识，而是教会孩子做人的道理，以及引导孩子学会思考。这与我的“经典教育综合课程”指导思想不谋而合：后继教学实践里，我将带领团队建构以“经典教育”为内容的读写综合课程，由精选的国学纯文本及主题可视化资源为课程架构，重在“知行合一”品格的形成和融进相关生活内容的仿写，着重发展学生“创造”维度的高级思维能力。

以本案例为例，“爱国主义教育”是一个老生常谈的话题。学科课程里的“培养学生的爱国主义思想”目标，往往会落空于宽泛的、口号式的说教。然而，“诵读《诗经·国风·秦风·无衣》，践行爱国思想”主题活动却恰逢良机，把活生生的教育场景呈现给了学生。当孩子们“由阅读走向实践”，由书本走向真实的、有意义的生活世界，探究唾沫横飞、偶有冲撞的“钓鱼岛”事件真相，探究愈演愈烈的“打砸抢”等行为，探究放学让他们回不了家的“游行”（警察封路了），探究有些韩国人为什么瞧不起中国人……理性爱国的种子便悄然种进了他们的心田。窃以为，理想的道德教育，莫过于此吧。

不足的是，“诵读《诗经·国风·秦风·无衣》，践行爱国思想”综合实践活动没有按方案准时结束，一是新校区的课室迟迟没有引进多媒体设备（将近11 月才安装），我们师生不能在校登录网络课程，二来本人 9 ～11 月正好忙于省

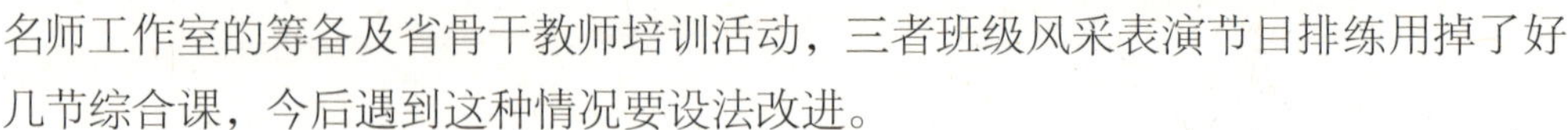
名师工作室的筹备及省骨干教师培训活动，三者班级风采表演节目排练用掉了好几节综合课，今后遇到这种情况要设法改进。

“诵读《诗经·国风·秦风·无衣》，践行爱国思想”主题活动的能力目标陈述：

目标1：习得《诗经·国风·秦风·无衣》所蕴含的知识。

目标2：在练习卷中尝试文本探究活动，训练“分析、评价”维度的高级思维能力。

目标3：对候选探究问题进行筛选、抉择，锻炼归纳分析能力。

目标4：按小组计划查找、整理资料。

目标5：合作制定小组活动方案。

目标6：带着问题完成资料分析及外出观察、调查等任务，做好记录。

目标7：初步统计、分析活动数据，得出结论。

目标8：仿写爱国主题的现代诗经，并在班级风采展示活动上加以宣传。

目标9：对自我和组员的活动表现做出评价。

表3－14　基于陈述的目标按分类表对“诵读《诗经·国风·秦风·无衣》，践行爱国思想”案例的分析

知识维度	认知过程维度					
	记忆	理解	运用	分析	评价	创造
事实性知识	目标1	目标4		目标2	目标2	
概念性知识				目标3		目标8
程序性知识				目标6 目标7		目标5
反省认知知识					目标9	